노래

문화의 길 004
시공간을 출렁이는 목소리
노래

ⓒ 나도원 2012

초판 1쇄 인쇄 2012년 11월 8일   초판 1쇄 발행 2012년 11월 15일
지은이 나도원 **펴낸이** 이기섭 **기획** (재)인천문화재단 **편집** 최광렬 **마케팅** 조재성 성기준 정윤성 한성진 정영은
관리 김미란 장혜정 **디자인** 오필민 디자인 **펴낸곳** 한겨레출판(주) **등록** 2006년 1월 4일 제313-2006-00003호
주소 121-750 서울시 마포구 공덕동 116-25 한겨레신문사 4층 **전화** 02)6383-1602~3 **팩스** 02)6383-1610
홈페이지 www.hanibook.co.kr **이메일** ckr@hanibook.co.kr

값은 뒤표지에 있습니다. 파본이나 잘못된 책은 서점에서 바꾸어 드립니다.

ISBN 978-89-8431-626-3 04080

문화의 길
총서
04

시공간을
출렁이는
목소리
노래

글·사진 나도원

한겨레출판

일러두기

- 이 책은 2011년 4월 23일부터 2011년 10월 29일까지 『기호일보』에 연재된 내용을 재편집, 수정하여 엮었습니다.
- 저자 제공본 외에 이 책에 사용된 사진은 그 출처를 밝혔습니다. 저작권은 해당 출처에 있습니다.

바다는 노래를 부른다

밀물과 썰물은 달과 지구의 대화다. 바닷가에서 그 대화를 엿들으며 자랐다. 수평선 위로 해를 떠밀어 올리는 동편이 아니라 저녁마다 발그레한 얼굴로 해를 품어 안는 서편의 바다였다. 맨발로 경사 없는 모래를 밟곤 했지만, 바다의 낮빛은 그리 밝은 편이 아니었다. 흔히 아름다운 바다를 '에메랄드빛 바다'로 표현한다. 묻고 싶다. 에메랄드빛을 아느냐고. 보석과 친하지 않기에 에메랄드를 본 기억이 나질 않는다. 아마 많은 이들도 마찬가지일 테니 에메랄드빛이란 수사로 바다를 떠올리기보다는 에메랄드빛 바다를 통하여 에메랄드를 추측하고 있을 것이다. 반대로 바다 빛깔 보석이라 해야 하지 않을까. 어쨌든 그때 어린 소년은 서해의 너그러운 물빛을 좋아했다.

지금, 이곳의 바다는 다르다. 축항의 결과로 수심은 더욱 깊고 빛은 푸르다. 바다의 반딧불이라는 피도디늄 바하멘스와 같은 발광 플랑크톤의 쇼를 볼 수 없어도 늦은 오후의 월미도 앞바다는 보석처럼 반짝인다. 월미도는 1884년 인천으로 진출해 1930년대까지 활동한 미국계 타운센드 상회가 50만 통의 석유를 모아 둘 수 있는 저장고를 지은 곳이고, 일제가 동양 최대의 해상 유원지를 만들었다며 선전한 곳이다. 또한 역사의 고갯길에서 주민들이 강제로 이주당한 슬픈 사연이 깃들어 있으며, 한국전쟁 때에는 연합군이 폭탄과 총탄을 퍼부어 상처를 남긴 공간이기도 하다. 하지만 월미도는, 아직 마음을 풀지 않았는지 이따금 쌀쌀맞은 숨을 내쉬면서도, 새로운 추억을 만들고 있을 연인과 가족을 품고 있었다. 그리고 현재 한국 대중음악 동네를 쥐락펴락하는 거대 음악기획사의 수장이 한때 여기에 카페를 열고 후일을 도모하도록 허락해 주기도 했다.

해변에서 주운 시계가 우연히 만들어진 것이겠냐는 종교적 비유와 '눈먼 시계공'이란 반박이 있지만, 앞바다에서 파도에 떠밀려 온 플라스틱 사이다 병을 본 적은 있어도 시계를 주워 본 적이 없어선지 그 문제에 대해 뭐라 말할 수 있는 입장이 아니다. 다만 우리가 지구 표면의 70%를 차지하는 바다를 너무 모른다는 건 말할 수 있다. 인천에 대해서도 마찬가지다. 경상남도 통영에서 배를 타고 한참 들어가면 만나게 되는 소매물도에만 바다가 갈라지는 몽돌길이 있진 않다. 바다 곳곳에 있으며, 굴업도에서도 볼 수 있는 이 현상을 사람들은 모세의 기적이라 하는 모양이다. 그것이 기적이라면 우리에겐 알려야 할 기적들이 정말 많다. 숨겨진 노래들도 마찬가지다.

사라진 것들까지 품는 도시

인천은 최초의 도시였다. 최초의 조계지와 최초의 근대 공원은 물론, 외국인 구락부와 외국의 건축물 그리고 그들의 기업이 자리를 잡았다. 일찌감치 도시계획이 이뤄졌으며, 팔미도는 최초로 등대가 세워진 섬으로 제 이름을 명부에 남겼다. 20세기가 되기 전

옛 조선은행 뒷마당 |

인 1899년 9월 18일에는 경인선이 개통됐다. 최초의 것들이 많은 그만큼 자리를 내주고 사라진 것들도 많다. 오랫동안 이어진 매립과 축항으로 옛 해안선은 찾아볼 수 없게 됐다. 바닷가를 거닐었을 누군가의 맨발을 기억해 줄 모래와 갯벌은 어딘가로 떠났다. 그곳에 거대한 다리를 뻗고 누운 항만과 공장 덕에 옛 시가지는 바다에서 멀찍이 떨어져 "예전엔 여기 앞까지 바다였다네" 같은 이야깃거리만 남겼다.

인천뿐인가. 누룽지와 숭늉을 일부러 만들어 먹게 된 한국이 모두 그러했다. 서울만 해도 '너무'란 낱말을 가장 적절히 사용할 수 있는 도시가 돼 너무 크고, 너무 많고, 너무 시끄럽고, 너무 탁하다. 건축물과 도시의 구조는 행동거지에도 영향을 준다. 현대의 계획도시 덕분에 미로는 사라졌고, 공터와 황무지는 잠시 나타났다 사라지길 반복한다. 많은 이들이 인천 하면 삭막한 공업도시를 떠올린다고 한다. 부평은 일제강점기인 1941년부터 만주 침략과 태평양전쟁에 쓰일 군수물자의 생산을 위해 공단으로 재편됐고, 박정희 정권기인 1960년대 중반부터 인천의 바다에는 공단 부지가 조성됐다. 또한 일제강점기에 노동자의 산실이자 광장이 됐으며, 산업화 시대인 1970년대엔 노동운동의 전기를 마련하는 공간이 된다. 이 모든 이야기는 글로, 그리고 노래로 남겨져 있다.

인간에게 망각은 선물이지만 역사에는 그렇지 않다. 고구려와 백제의 역사서를 점령군이 폐기한 것은 최악의 테러였다. 그런 일은 지금도 벌어진다. 전철화 이후 경춘선 나들이를 하면서 강촌역은 현대의 문화재로 보존했으면 싶었다. 복원한 경복궁과 광화문 그리고 숭례문은 사실 그 경복궁과 광화문, 숭례문이 아니다. 로마의 콜로세움과 그리스의 파르테논 신전을 원형대로 복원하려 했다면 어땠을까. 복원이라는 미명으로 그럴듯한 모조품을 새로 짓느니 허름한 콘크리트 역사를 부수지 않는 편이 역사(歷史)를 위해 나을 것이다. 물론 아름다운 사진도 결국 흔적일 뿐이다. 그래도 닿지 못한, 혹은 담지 못한 것에 대한 상념은 많은 음악을 낳았다. 대면할 때보다 관념에서 더 아름다운 것이 있고, 인간에겐 과거를 낭만화하는 성향이 있으며, 타고 남은 재는 부드럽기 때문이다. 남겨 두지 못했다면 기억해야 할 것들이 있다.

노래를 찾아가는 여행

종유석과 같은 동굴의 생성물 하나하나는 엄청난 시간 속에서 태어난다. 그렇게 눈을 감으면 보이는 것들이 있고 음악이 있다. 유형보다 무형의 자원이 중시되는 시대에 경험과 기억, 감정과 심상이 깃든 공간을 탐색하고 노래를 발굴하는 여행을 시작하려 한다. 여행은 단순히 공간의 이동이 아니라 과거와 현재의 연결이며, 자기 긍정이다. 인천은 사적으로도 특별한 도시이지만, 좋아하는 노래들과 음악인들의 고향이며, 역사적인 시기를 장식한 음악 공간들이 있었다. 한국 사람이라면 모를 리 없는 가곡과 연을 맺었고, 대중음악 동네의 큰 별들이 태어나 자랐으며, 음악의 중요한 흐름을 만들어 낸 샘물이 솟아난 곳이다. 이 사실들을 하나둘씩 밝힐 때마다 마치 4월의 산처럼 잔뜩 부풀어 오르는 가슴을 느끼게 될 것이다. 보석함을 여는 비밀번

호를 손에 쥐게 되면 '눈에 띄지 않는 이정표'를 발견할 수 있다.

오르막이 없는 산은 없다. 오르막이 없으면 산에 오른 보람이 없을지 모른다. 잠시 쉬어 가자는 게으름을 이기고 비탈길을 넘어 항구의 노을을 뒤따라잡으면 평생 잊을 수 없는 풍경을 보게 된다. 훗날 그런 풍경을 기억하고 있는 자신이 부러울지 모른다. 누구나 출근 없이 퇴근만 있는 직장을 원하지만 아마도 이 글을 쓰는 이의 퇴근은 겨울 냄새가 나기 시작할 즈음에야 가능할 것 같다. 때론 식사 시간에 밥 먹으

바이킹의 출항(월미도)

라는 가족의 성화를 듣게 될 것이다. 그래도 정강이 살 벗겨진 의자 다리처럼 소소한 보물을 발견하리란 기대에 들뜬다. 어제, 홀로 작은 사진기를 들고 일본의 조계 지역으로 번화했던 본정을 중심으로 한 여러 동네, 그러니까 지금의 관동·중앙동·해안동·송학동의 골목길을 순례했다. 허기가 두 다리를 붙들었고, 그 발그레한 저녁에 차이나타운에 들러 자장면을 후루룩 들이켰다.

　단풍의 남하와 봄꽃의 북상 속도가 하루에 22~25km라고 한다. 계산해 보니 시속 1km 정도이고, 하루 동안 가능한 도보 여행의 속도와 얼추 비슷하다. 온온하게 골목을 누빌 걸음도 계절의 속도를 따르려 한다. 신호가 잡히지 않는 지역에서 휴대전화는 신호를 잡으려고 애쓰다가 배터리를 금방 방전시키고 추운 곳에서도 빨리 방전시킨다. 가끔은 생각을 그만두고 쉬어야 한다. 이 시대에는 생각을 줄이는 법이 필요하다. 그때 우리에겐 노래가 필요하다. 이 작은 대화 역시 딸기가 한창일 초여름을 지나 토마토와 감자를 차례로 만나며 계속될 것이다. 태양에 옥수수가 익는 한여름이 되면 아스팔트의 열기에 기죽은 가로수 잎과 풀 죽은 풀잎을 위로해야지만, 이내 선선한 계절이 올 즈음엔 고구마를 앞에 두고 말을 주고받으려 한다. 허기를 누그러뜨리고 층층길에서 노을을 바라보니 무언가 하고픈 말들이 떠올랐고, 노래를 향한 허기는 다시 커졌다. 그래, 가슴과 가슴이 나누는 대화가 바로 노래다.

4부 삶과 공간에 스민 노래

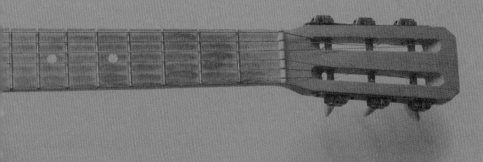

1부

- 항구는 왜 노스탤지어의 상징이 되었나?

- 한국전쟁 이전의 인천 그리고 노래의 파도

- 전쟁이 끝나도 이별은 이어진다

- 그들이 가져온 것, 그리고 우리가 만들어 낸 것

- 새로운 씨앗이 나무로

- 그룹사운드의 시대가 열리다

파도와 항구가 빚은
노래와 노스탤지어

떠나온 사람, 떠나보낸 사람,

떠나지 못한 사람, 가지지 못한 사람 모두에게

항구는 노스탤지어의 출항지이자 정박지였다.

우리는,

우리가 잊은 것들과 잃은 것들을

다시 우리에게서 찾아내야 한다.

항구는 왜
노스탤지어의
상징이
되었나?

바다의 도시

"바다를 보고 싶었어." 방학을 맞아 시골집에 놀러 온 사촌의 말에 고개가 살짝 기울어졌다. 곧 중학생이 될 정도로 자라는 동안 바다를 본 적이 없다는 것도 신기했거니와, 설령 그렇다 해도 꼭 봐야 할 이유가 무언지 이해하기 힘들었다. 그는 훗날 바다 대신 큰 호수가 있는 충주에서 행정학을 가르치는 교수가 되었다. 오히려 그때 바닷가 아이에게 깊은 인상을 남긴 것은 고즈넉한 해변보다는 엄청나게 큰 배가 드나드는 항구였다. 어디에서 와서 어디로 가는지 알 수 없는 커다란 배들을 넋을 잃고 구경하다 발을 헛디뎌 다쳤던 일이 생각나면 지금도 엄지발가락이 아파 온다.

인천이 내륙으로 확장되면서 바다를 접하고 있는 면은 상대적으로 축소된 셈이지만, 어떤 조사에 의하면 절반 이상의 사람들이 이 도시에서 바다와 항구의 이미지를 떠올린다고 한다. 당연하다. 삶에서 어떤 기억이 시간상으로 얼마의 기간을 차지하는가와 그 중요성이 꼭 비례하지 않는 것과 비슷하다. 1876년의 사건을 기점으로 1883년에 개항한 인천은 부산(1876)과 원산(1880)에 이어 세 번째로 문을 열었지만, 이 나라 전체에는 잊지 못할 기억을 만들어 낸 공간이다. 외국에서 벌어지는 일들과 새로운 사상이 파도처럼 퍼져 들어오는 문이었고, 조선의 내부가 바깥에 알려지는 창이었다. 이러한 유입과 사출은 또한 아픔의 역사와도 함께했다.

역동하는 항구가 아련한 정서를 품게 되는 것이 묘해 보일 수 있다. 그 시작이 수동적인 개항에 의해 제국주의가 지배하는 해양 세계로 끌려 나왔고, 피식민 지배라는 고통으로 이어졌기 때문만은 아니다. 근대화기에 인천은 유랑과 방랑 혹은 망명의 출구였다고 하지만, 동시에 새로운 가능성이 가득한 신천지이기도 했다. 당대의 여러 문인들이 이러한 풍경을 그렸다. '새벽 바다'의 작가 엄흥섭은 다음과 같이 적었다. "인천을 사랑하면서도 슬퍼한다. 인천이 항구이기 때문이고, 항구 가운데서도 해방된 낭만적 항구이기 때문이다."

노래는 자신의 탁월한 능력으로 항구를 독특한 자리에 가져다 놓았다. 획일화가 아니라 얇은 막을 덧씌워 마음속 여러 감정을 불러내는 방식이다. 그것은 떠나보내고 남은 이들의 자리였다. '돌아와요 부산항에'와 '남자는 배 여자는 항구'와 같은 대형 히트송들에서 항구는 기다리는 곳이거나 그런 이의 마음이다. 근대 민요인 '기차 떠난 서울역에'에 등장하는 인천항에는 "배가 떠난 인천부두에 양사도 물결만 남아" 있었다.

대중음악 평론가 최지선은 1950년대에 인천을 등장시킨 노래들에서 떠남과 이별의 공간이라는 공통점을 발견해 낸다. '비 내리는 인천항 부두', '추억의 인천부두', '인천행 버스', '비 오는 인천항' 등이 그러하다.

이별과 기억이 쌓이는 항구

실은 떠나간 이들이 많았다. 2008년 월미도에 문을 연 한국이민사박물관 앞 작은 화단에 재외동포재단이 세운 자그마한 기념비는 이런 문구를 가슴에 새기고 서 있다. "1902년 12월 22일 제물포항에서 121명이 겐카마루호를 타고 일본 나가사키항으로 떠났다.

한국이민사박물관

1902

첫 이민 떠난 곳

재외동포재단은 자그마한 기념비를 세웠다.

그들 중 102명은 1903년 1월 13일에 미국 선박 갤릭호를 타고 하와이 오하우섬 북쪽에 도착한다. 기록상 최초의 이민단이었다. 이민이 중지된 1905년까지 3년 동안 64편의 선박을 타고 7천 415명이 조선을 떠났다." 꼭 제물포를 통해서는 아니었을지라도 이때부터 많은 이들이 고향을 등졌다. 조선총독부의 자료에 따르면 1935년에 해외 거주민의 수가 280만 명에 가까웠고, 1938년에는 220만 명 정도였다고 한다. 시간이 많이 흘러 월남전 때에 부산항만이 아니라 인천항에서도 파병이 이루어졌다. 비둘기부대 본대와 맹호부대 주력부대가 인천을 통해 베트남으로 건너갔다. 지금, 그곳에 봇짐을 챙겨 들고 고향을 떠나는 이들과 젊은 군인들의 발소리는 사라진 지 오래다. 하지만 그 모든 일을 지켜본 항구는 남아 있다.

이처럼 인천에는 구체적인 사실과 사연이 개입한다. 한국전쟁과 산업화를 거치며, 어느 학자의 표현을 빌리면, 유민의 도시처럼 발전했다. 그들에게 항구는 막힌 곳 없이 탁 트였음에도 실제는 가로막혀 있어 돌아가지 못하는 곳을 그리워해야 하는 공간이었다. 한국전쟁 때문에 남하한 실향민들이 대거 이주해 정착하거나 다른 곳으로 건너가는 통로가 인천이었다. 산업화 시대에는 다른 지역에서 일자리를 찾아 몰려들면서 다른 지방 출신자가 과반수를 차지하고 살아가는 도시가 되었다. 전쟁 직후에는 황해도 출신자가 많았지만 1980년대부터 1990년대까지는 충청도와 전라도 출신이 상당 부분을 차지하게 되는 것이다.

그래서 인천과 관련을 맺은 노래들은 항구의 이미지를 더욱 애절하게 만든다. 유명한 작사가인 반야월이 노랫말을 쓴 '인천 블루스'(이재호 작곡, 백일희 노래)가 많은 이들에게 알려졌고, 박경원이 부른 '이별의 인천항'(전오승 작곡, 세고천 작사)은 당대의 히트송으로 기록되었다. 특히 1979년에 안치행이 만들고 김트리오가 부른 '연안부두'는 구성진 노랫말과 대중적인 멜로디로 합창을 이끌어 내는 만인의 노래가 되었다. 그러나 항구가 풍기는 서정은 '이동'에만 있지 않다. 이 노래들이 불린 이유도 그 때문만은 아니다. 사라진 것들과 가질 수 없는 것들의 흔적이 보이지 않게 쌓인 곳이기 때문이다.

1969년에 경인고속도로라는 핏줄을 얻고, 행정구역 확장으로 훨씬 큰 몸집을 얻게 된 인천은 1992년에 착공해 2001년에 문을 연 인천국제공항이라는 새로운 창문까지 갖게 되었다. 1992년에 중국과 수교한 마당이라 국제도시의 위상에 대한 기대도 커졌다. 100년이 훌쩍 넘는 시간 동안 만남과 지리의 확장, 그리고 공간의 조성을 경험해 온 것이다. 그동안 근대성과 식민성, 그리고 현대성이 지층처럼 쌓여 왔다. 그래서 인천에는 과거의 기억과 이국의 흔적이 첨단의 현대와 공존한다. 동양에선 책을 눕혀 놓았고 서양에선 책을 세워 두었는데, 인천은 마치 옆으로 쌓은 책과 세로로 세워 둔 책들이 공존하는 근대 작가들의 서재처럼 되었다.

노스탤지어가 피어오르는 상자

흔적이 되어 이름을 붙이지 못하고 어떤 유형으로 전승되는 것이 있다. 마당을 빗질하기 전에 물을 뿌렸던 기억이나 잘

익은 열매가 지붕으로 떨어지던 소리, 그리고 눈 녹은 물이 흐르던 처마와 같은 것이 있다. 우리는 무어라 이름 붙이지 못한다. 어릴 적 자다가 깼을 때 엄마가 없어 울어 본 기억을 가지고 있다. 어릴 적엔 왜 그리도 밥풀과 반찬으로 상을 어지럽혔는지 어머니께 죄송스러워지면서도, 그 이유를 잘 설명하기는 힘들다. 마찬가지로 항구는, 인천은 바로 그런 감정과 기억의 실타래가 들어 있는 오래된 상자다.

더구나 고향을 떠나온 이들이 모두 좋은 직장과 깨끗한 집에서 살며 행복을 키우진 못했다. 단어만 보면 참 아름다운 '달동네'가 곳곳에 자라났다. 대도시의 구성원인 그들에게 최대한으로 허용된 자유는 화려한 야경을 바라보는 것뿐이었다. 저녁이 되면 도시의 가로등이 커다란 감처럼 주렁주렁 열렸지만, 보석처럼 빛나는 그 불빛과 도시는 자기네 것이 아님을 인정해야 했을 것이다. 그렇게 꿈을 꿀 순 있어도 가질 순 없음을 알아야 하는 이들이 있었다. 맑은 날이면 밤마다 달에 비친 지구의 그림자를 볼 수 있는 수도국산에서 저 아래 다른 세상과 항구를 바라보며 연처럼 떠올라 흐르는 달을 바라보던 아이들이 있었을 것이다.

상실은 가졌다가 잃은 것이 아니라 애초에 가질 수 없었던 것에 대한 이야기이기도 하다. 그렇게 떠나온 사람, 떠나보낸 사람, 떠나지 못한 사람, 가지지 못한 사람 모두에게 항구는 노스탤지어의 출항지이자 정박지였다. 그리고 몰아치는 비와 불어오는 바람과 내리쬐는 햇볕을 양분 삼는 작물처럼, 그들을 돌보는 손길처럼 하나둘 노래를 피워 냈다. 🔖

한국전쟁
이전의 인천
그리고
노래의 파도

노래는 삶과 시대를 간직한다

　　얼마 남지 않은 승객들은 꾸벅꾸벅 졸기를 잠깐씩
쉴 때마다 차창 밖을 바라보았다. 그들의 필사적인 노력은 철마가 인
천역에서 걸음을 멈출 때까지 계속됐다. 처음 개통했을 때에 노량진에
서 인천까지 1시간 40분이나 걸리던 경인선이 1974년에 전철화됐다
고 해서 이런 나른한 풍경이 사라지진 않았다. 삶의 무게에는 변함이
없기 때문일까. 그런데 배를 타고 이물과 고물에서 바다를 바라보다
조는 사람은 별로 보지 못했다. 누구도 수평선 위에 서 본 적은 없는
것 같지만 실은 먼 바다에 떠 있는 바로 그곳이 수평선이며, 섬이 파도
를 가르면서 배를 향해 다가오는 모습을 볼 수 있기 때문이다. 가을이
면 나문재가 해변을 붉게 물들이는 석모도로 가는 배에선 공중곡예를
펼치며 동행하는 갈매기들까지 끼어든다. 사실, 많은 섬들에서 볼 수

노을이 앞서간 비탈길

있는 풍경이다. 심지어 춘천의 중도와 같은 내륙에 있는 섬에서도 과자를 기다리는 선착장의 오리들을 볼 수 있으니까.

　많은 섬들이 인천의 일부가 됐다. 자연도와 삼목도 그리고 용유도에는 조선시대까지만 해도 국가용 말[馬]을 키우는 목자와 수군이 살았다. 일제강점기에 들어온 천일염이 아니라 바닷물을 끓여 만드는 자염이 원래의 전통 소금이었는데, 섬에는 이렇게 소금을 만드는 염부도 있었다. 천일염 시대가 도래한 이후에도 인천의 염전은 고유섭 같은 이가 「경인팔경」에서 풍경을 읊을 정도로 유명했다. 최초의 천일염전이 1907년에 주안에 만들어졌고, 지금도 연평도와 대청도, 소래포구와 영종도에서 염전과 그 흔적을 찾아볼 수 있다.

사람이 바다와 살을 자주 섞을수록 바다의 노래는 더욱 많이 피어났다. '인천 주대 소리'가 어민의 노동을 그려 놓았다면, '갯가 노래'는 여인들의 삶을 간직한다. 갯벌에서 굴과 조개를 캐며 늘어놓는 '군음'과 섬 지역에서 불린 '니나니 타령'은 어떠한가. "백 년을 살자고 백년초를 심었더니 백년초가 아니라 이별초드라/ 바람아 강풍아 불지를 말아라 고기잡이 간 님 고생하네." 그렇다고 고달픔만 있었던 건 아니다. "돈 실러 가세 돈 실러 가세/ 연평 바다로 돈 실러 가세/ 연평 바다에 널린 조기"를 불렀던 '연평도 배치기 소리'는 조기잡이가 크게 흥했던 시절의 들뜬 순간을 전한다. 하지만 꼭 이 지역에서 생겨난 것들만 불리진 않았다. 물품 교환이 성행한 덕에 '시선 뱃노래'처럼 인근 지역의 민요가 전해졌고, 한국전쟁을 계기로 북에서 내려온 이들에 의하여 민속예술의 폭이 크게 넓어지고 깊게 녹아들었다. 인천은 황해 문화권을 품에 안게 된다.

그전부터 항구는 다양한 문화를 포용해 왔다. 1885년 제물포에 정박한 배에서 내려온 이방인들, 아펜젤러와 언더우드는 교회를 세우고 외국 찬송가와 민요를 번역하고 개사해 사람들에게 가르쳤다. 단순히 형식의 전달만 일어나지 않았다. 기록을 분석해 보면 1940년에 인천 인구의 20%를 차지했던 일본인들이 부의 80% 정도를 차지했다고 유추

해 볼 수 있다. 그때 조선인들은 이런 노래를 불렀다고 한다. "인천 제물포 모두 살기 좋아도/ 왜놈의 등쌀에(왜인 위세에 난) 못 살겠네 흥/ 아리랑 아리랑 아라리오 아라랑 일션 아라리오." '인천 아리랑'에 깃든 아픔은 문학작품에도 나타나 이태준의 「밤길」에선 주안 공동묘지가 노동자들의 비참함이 가라앉는 사구로 등장한다. 다양한 문화가 들어오고 섞이는 길목이면서 식민지에서 만들어지는 아픔이 상처가 되고 흉터가 되는 공간이기도 했던 것이다.

다른 한편에는 자신의 것을 지켜 내려는 노력이 있었다. 조선의 정악과 같은 전통음악을 지켜 내려는 음악 단체인 이우구락부가 1920년에 결성됐다. 이어 한용단이 만들어지고 다양한 음악을 아우르는 동서음악회가 개최됐으며, 1925년에 설립된 인천유성회는 1926년 신년음악대회를 대성황으로 만들었다고 한다. 그만큼 일제강점기에 다방면에서 많은 예술인들이 활동했다. 한국 근대 춤의 개척자 조택원을 비롯해 한국인에 의한 최초의 신무용인 '아리랑'을 발표한 배구자가 있었다. 인천에서 태어난 박흥성처럼 무성영화 시대에 영화음악가로 활동한 이도 있다.

트로트의 고향이 인천?

인천역을 나서 길을 걷다 보니 흥미로운 점이 눈에 들어왔다. 이 도시는 오래된 거리일수록 깨끗하다. 오래전에 지어진 건축물과 이국의 향취를 간직한 골목길이 깨끗이 정비되어 있기 때문일 것이다. 어쩌면 일본풍 가옥과 상점이 늘어서 있어 그렇게 보이는 것일지도 모른다. 지금은 모양새만 남았지만, 일제강점기에 일본에서 건너온 음악인들이 사는 곳을 넘어 중요한 작품을 만든 거리이기도 하다. 훗날 명성을 얻게 될 미야기 미쓰오라는 연주인은 1907년부터 오랫동안 인천에 살았고, 그의 대표작인 '물의 변신'도 인천에서 작곡했다고 한다. 그리고 지금 우리의 피부에 더욱 와 닿는 사연 또한 숨겨져 있다.

트로트를 전통 가요라 부르는 이들이 있다. 그러자고 주장하는 이들이 있고, 그냥 그렇게 알고 있는 이들도 있다. 엄밀히 말해 전통 가요라는 분류에 트로트를 포함시키는 것이지 '전통가요=트로트' 공식이 적확한 것은 아니다. 그런데, 트로트를 왜색 가요라고 비하하던 시절도 있었지만, 반대로 일본 엔카의 본류가 한국에 있다는 주장도 있다. 전통 가요와 트로트, 트로트와 엔카, 엔카의 본류와 같은 다양한 설이 퍼져 나가는 분화구가 바로 인천이다.

왜 그럴까? 1930년대 초에 일본 엔카의 교과서를 쓰기 시작한 작곡가가 있었다. 엔카와 트

일본인 거리엔 일본풍만 남았다.

로트의 오늘을 만든 가장 중요한 음악인들 중 한 사람인 고가 마사오가 유년기를 보낸 곳이 바로 인천이다. 일제강점기에 인천으로 이주해 10여 년간 생활한 그는 자신의 음악이 조선이라는 나라, 조선의 전통 음악, 그리고 조선의 사람들에게 많은 영향을 받았다고 술회했다. 인생에서 유년기의 중요성을 아는 이라면 그 말을 충분히 이해할 수 있을 것이다. 조선과 일본의 선율과 정서, 그리고 서양의 작법이 인천에 살았던 일본인에 의하여 트로트가 되어 세상에 나온 셈이다. 많은 유적과 건축물과 마찬가지로 예술에 관해서만큼은 '일본인이 만든 것이지만 인간이 남긴 것이기도 하다'고 받아들여야 한다.

그것은 드라마가 되었다

만약 이런 삶을 조명하면 근사한 영화가 될 것이다. 그렇게 드라마 같은 삶을 인천에서 그려 낸 사람들이 많다. 현대사의 커다란 봉우리인 조봉암과 같은 정치인만이 아니다. 어느 유명한 극작가의 생애 역시 한 편의 드라마이다. 「소위 대통령」과 「산사람들」 등의 작품을 남긴 함세덕은 일제강점기에는 당시 상황에 의해 (결과만 보면) 친일 연극 활동을 하게 됐지만 뛰어난 재능으로 중요한 작품들을 남긴 인물이다. 그는 해방 후에 좌익 성향을 보이다가 월북했다. 그리고 1950년 6월 인민군이 되어 서울로 들어오던 중에 35세라는 젊은 나이에 세상을 떠나고 만다.

극적인, 아니 극 자체인 삶을 산 주인공이 음악에도 있다. 1917년 혹은 1918년에 인천 지역에서 태어난 것으로 알려진 여인이 있다. 어떤 사정인지 술집 작부가 된 그의 노랫가락 솜씨가 하도 뛰어나 서울에 알려질 정도였다. 급기야 작곡가 김용환(김영파)이 부평의 어느 술집에서 그 목소리를 듣게 된다. 트로트와 함께 당대 대중가요를 양분하는 신민요 가수로서 일약 전국적인 스타로 떠오를 이화자(이원재)와의 운명적인 만남이었다. 이화자는 1936년부터 '초립동'을 시작으로 '월미도' 등 수많은 히트송을 부른다. 작사가 조명암이 서민의 정서와 애절한 사연을 적어 낸 노랫말, 그리고 작곡가 김용환과 박시춘, 김해송 등이 붙인 구슬픈 가락이 이화자의 목소리로 만나 무수히 많은 눈물 줄기가 흐르도록 하는 노래가 됐다. 그리고 굴곡진 인생과 한이 담긴 '어머님전 상백'과 '류춘몽'은 명곡으로 남았다.

큰 인기를 얻고 여러 음반사를 거치며 성공한 이화자는 가요계의 이슈가 됐다. 목포에 이난영이 있다면 인천엔 이화자가 있는 것이다. 하지만 천재적인 가수를 모델로 삼은 영화의 주인공들처럼 그의 과거는 분명치 않았고, 늘 외로워했고, 담배와 약물에 의지했다. 그리고 해방 이후 공연을 하며 전국을 떠돌다가 쓸쓸히 생을 마쳤다고 전해진다. 더 크고 아픈 사연들을 만들어 낼 한국전쟁이 터질 무렵이었다.

전쟁이
끝나도
이별은
이어진다

전쟁은 떼어짐과 헤어짐이었다

높은 건물의 창문까지 날아올라 떠돌던 분홍빛 꽃잎들이 모두 사라진 초여름의 길목을 느릅나무를 뒤덮었던 하얀 꽃잎들이 서성인다. 바다 또한 철마다 낯빛을 조금씩 바꾸었다. 동해와 남해 그리고 서해의 매무새가 다르듯이 계절을 맞는 표정도 저마다 다르다. 섬과 육지를 오가는 여객선의 창문은 변해 가는 풍경을 무수히 전시하는 액자였다. 어느 인기 좋은 갈매기는 월미도를 찾은 소녀들의 모델이 되어 주고 있었다. 하지만 카메라를 외면하고 자리를 떠 버린 새의 냉담함을 소녀들은 처음엔 받아들이지 못하는 듯했지만 금세 낙담하고 포기하는 데에도 능숙해졌다. 이때 인천 상륙작전 지점에 세워진 표시비 위를 바닷새가 스쳐 지나갔다. 대신 어떤 이들이 그토록 기다렸을 평화가 말없이 내려앉았다.

사자의 망향(차이나타운과 자유공원을 잇는 층층길에서)

세상에 항구도시는 많다. 하지만 전쟁의 탁한 격류를 바꾸어 놓은 상륙작전까지 벌어진 도시를 꼽기엔 한 손으로 충분하다. 한국전쟁은 많은 흔적을 남겨 놓았다. 자신이 지휘하던 바다를 굽어보는 맥아더 장군의 동상과 함께 '자유'라는 이름을 갖게 된 공원은 영광과 승리만을 품고 있지 않다. 눈에 보이는 흔적보다 보이지 않는 상처가 더 많기 때문이다. 응봉산으로 향하는 비탈길에서 언 손을 어루만지며 바다를 바라보았을 누군가의 사연은 얼마나 깊었을까. 두고 온 집과 만나지 못하게 된 사람을 떠올리는 누군가의 눈물 줄기는 또 얼마나 많이 흐르고 말라 버렸을까. 꿈에도 자주 등장하는 장소가 있어 나름의 지리 공간을 창조하기에 저 고개 너머에 아름다운 언덕이 있다는 걸 꿈꾸면서도 안다. 그러나 우리가 서로 미워하는 법을 배우는 동안 그들의 염원은 체념이 됐고, 말 그대로 꿈이 됐다.

일본인에게 땅과 집을 잃었던 사람들처럼 더 많은 사람들이 전쟁 때문에 살 곳과 정처를 잃었다. 폐허가 된 고향을 등지고 일거리를 찾아 몰려든 이들 역시 낯선 도시 곳곳에 아무렇게나 자리를 잡아야 했다. 휴전 직후에 인천 시내에 4만여 채의 판잣집이 땅에서 솟아나는 버섯처럼 생겨났다. 모두가 어떤 식으로든 떼어짐과 헤어짐을 받아들여야 했다.

도시에 퍼져 간 이별의 노래들

사실, 인천은 돌아오는 문이기도 했다. 교포 정운서가 1946년에 '환국가'를 만든 것은 나라를 잃고 하와이로 떠났던 동포들이 인천항으로 귀국할 때를 위해서였다. 하지만 전쟁이 끝난 후에도 인천은 귀환의 기쁨보다 이별의 아픔을 그린 노래에 더 자주 등장했다. 앞서 전했듯이 '이별의 인천항'과 '비 내리는 인천항 부두'는 이러한 경향을 대표하는 곡들이다. 그중에서도 '이별의 인천항'의 인연은 조금 더 특별하다. 1954년, 23세의 나이로 이 곡을 부른 가수 박경원은 1931년 인천시 중구 신포동에서 태어났다. 곡을 쓴 전오승은 전쟁 때문에 고향에 돌아가지 못한 실향민이었다. 그들이 바다와 '등대불만 가물거리는' 작약도를 바라보는 심정을 담아 만든 '이별의 인천항'은 당대인들의 심금을 울릴 수밖에 없었다.

쌍고동이 울어 대는 이별의 인천 항구
갈매기도 슬피 우는 이별의 인천 항구
항구마다 울고 가는 마도로스 사랑인가
정들자 이별의 고동소리 목메어 운다
—— '이별의 인천항'에서

여러 종류의 '애국가' 중에서 1896년 《독립신문》에 게재된 최초의 '애국가'의 주인공인 전경택이 살았던 제물포는 전쟁 후에 향수의 표상이 됐다. 1950년대 이후에 불린 '제물포 뱃사공'과 '정든 제물포'는 제목만으로도 아련한 정서가 녹아 있음을 전하고 있다. 한국 가요사에 큰 족적을 남긴 작사가 손로원 역시 자신의 노래에 인천을 여러 번 등장시켰다. 그는 김초성이 작곡하고 이숙희가 노래한 '비 오는 인천항', 그리고 이

내 여의주를 돌려다오.(차이나타운)

재현이 작곡하고 김용만이 부른 '제물포 서름'의 노랫말도 지었다. 더
직접적인 인연이 있는 인물로는 인천 출신으로 일제강점기부터 연주인
으로 활동했으며 광복 후에 스타레코드를 설립한 김흥산도 있다.

인천이 단지 전쟁과 유민 때문에 이별의 장소가 된 것은 아니다. 일
제강점기에 크게 성장한 인천은 식민지 지배가 강화되는 공간이었을
뿐만 아니라 그 영역도 계속해 변해 왔다. 1936년 당시 인천부에 부천
군의 일부가 포함되고, 1940년에는 부평도호부의 대부분이 인천의 한
부분이 된다. 사실, 부평은 1310년에 현재의 지명을 갖게 됐으니 인천
(1413년)보다 100년은 더 오래된 이름을 가지고 있었다. 그 부평이 인

천의 일부가 된 것이다. 도시의 범위는 산업화 시대와 1981년의 직할시 승격을 거치며 더욱 확대된다. 1989년에 김포군 계양면, 그리고 옹진군 영종면과 용유면까지 편입시켰다. 1995년에는 광역시가 되면서 강화군과 옹진군 전체를 아울렀다. 항구와 내륙 그리고 섬들까지 안게된 인천은 더 이상 하나의 이미지와 정서로 규정할 수 없는 거대도시가 되었다. 도시의 확장은 영향력과 자산의 확대이면서 중심이 여러 곳으로 흩어지는 분산이기도 했다. 모두의 만남인 동시에 각각의 이별이었다. 이러한 섞임이 또한 인천의 특징이다.

　음악 역시 그랬다. 서편 끝자락인 월미도에 '이별의 인천항' 노래비가 서 있다면 동편에 있는 인천문화예술회관 광장에는 '그리운 금강산'의 노래비가 자리를 잡고 있다. 한국인 대부분이 알고 있는 이 가곡을 낳은 이는 1929년에 강화도 화도면에서 태어난 최영섭이다. 창영초등학교를 거쳐 인천중학교를 다니다가 경복중학교로 편입한 최영섭은 소년 작곡가로 주목을 받았고 서울대 음대를 졸업했다. 그리고 인천으로 돌아와 인천여자중·고등학교에서 음악 교사로 학생들을 가르쳤으며, 인천시립합창단과 인천관현악단을 조직하고 지휘하는 등 인천의 예술계에 많은 공헌을 했다. 바로 그가 1961년에 '그리운 금강산'을 작곡했다.

새로운 음악 시대를 열 소년들이 자라다

　　　　　　흔한 말이 있다. 말세가 되면 도덕이 무너지고 복장이 희한해지고 사회가 어지러워진다고 한다. 그런데 말세에 그렇게 된다기보다는 그런 풍습이 유행하면 말세라고 생각하는 것일 게다. 자살 풍조를 걱정하는 요즘처럼 일제강점기에도 자살이 유행한다며 개탄했다고 한다. 지금은 과도기라는 말도 마찬가지다. 하지만 강은 어디든 흐르고 있다. 언제나 힘들었고, 모든 것은 변한다. 그토록 흥했다는 하인천부두가 항동의 연안부두에 영광의 자리를 내주었듯이, 한때는 근대화의 상징으로 위세를 뽐내었을 건물들이 희망과 아픔을 간직한 채 사라질 때를 기다리고 있다. 그 자리에 새로 들어설 건물들이 벌써 대기표를 받아 들고 있다. 사람의 삶이 그와 같고, 도시의 생애도 그러하다. 우리는, 우리가 잊은 것들과 잃은 것들을 다시 우리에게서 찾아내야 한다.

전쟁이 끝난 후, 핍진한 시절에 새로운 음악 시대를 열어 갈 소년들이 인천에서 태어나 자라고 있었다. 이전과는 전혀 다른 바람을 불러올 이들의 이름을 하나둘 떠올리며 옛 조계지 경계를 기념하는 계단을 올랐다. 이름 없는 청년의 수고를 풍채 좋은 노인이 치하해 주었다. 고풍스럽지 않고 너무 현대적이다 싶은 그 노인, 즉 공자의 등과 어깨가 마음에 들었다. 자유공원 둘레를 돌다 보니 시간이 늦어 버렸지만 바닷바람이 실어 나르는 노을을 감상하기엔 충분했다. 패루 길 방향으로 내려가는 층층길에 이르니 작은 사자상이 가만히 있을 수 없었는지 자기도 바다를 바라보며 상념에 젖어 있었다. 나란히 서서 그 친구가 고향을 그리워하도록 놔두었다. 맥아더도, 공자도, 사자도, 그리고 음악인들의 이름을 적고 있던 청년까지, 모두가 바다를 향하고 있는 이유가 무얼까 하는 생각을 마무리하기 전에 노을은 사라졌다. 🖋

그들이
가져온 것,
그리고 우리가
만들어 낸 것

시대의 변화와 부평의 변신

　　누구든 길을 잃을 수밖에 없다. 백발이 된 푸른 눈의 노병이 옛 근무지와 추억의 거리를 다시 둘러보기 위해 부평역 광장에 선다면 아마 처음 한국 땅을 밟았던 때와 마찬가지로 모든 길이 낯설어 보일 것이다. 어디에서든 볼 수 있는 번화가의 풍경이 익숙할수록 지난 흔적은 더욱 찾아볼 수 없다. 낯익음 속의 낯설음이다. 저녁 거리로 쏟아져 나온 청춘 남녀의 웃음소리에 놀란 가로수가 손가락 끝으로 집고 있던 꽃잎을 놓쳤고, 넓은 도로 모퉁이에는 부끄럼 많은 표지판이 벌써부터 졸고 있었다. 한국전쟁 후에 미군 부대 주변에 클럽들이 늘어섰던 현장을 탐방하러 찾아온 서생은 졸지에 탐험가가 됐고, 역을 빠져나가는 지하철의 등과 허리를 물끄러미 바라보고 섰을 뿐이다. 하긴 당시의 현장 역시 그 이전의 기억을 지우고 세워졌다. 나무들에겐 섭섭한 일이지만 산불 피해를 예방하기 위해 문화재 주변을 간벌해야 하는 것이 세상의 이치니까.

학이 날았다는 부평의 변신은 일제의 도시계획으로 시작되었다. 1937년에 승인된 도시계획으로 항구에서 경성을 향하는 식으로 성장 모델이 설정되었다. 이때 큰 좌표가 부평에 찍혔다. 1939년의 조치와 1941년의 시행을 거쳐 태평양전쟁을 위한 병참기지인 조병창이 부평에 들어선 것이다. 이내 일본 육군의 인천조병창을 중심으로 군수산업 도시로 변신한다. 해방 후에 들어온 미군 역시 제24군수지원사령부를 같은 자리에 주둔시켰고, 부평은 주한미육군병참본부 혹은 미군수지

모든 것이 세련되어졌다. 재래시장 가는 길을 알리는 표지판마저.

원사령부의 땅이 되었다. 그 약칭에 따라 애스콤 시티(ASCOM City)로 불렸다. 한국전쟁에서 5만 4천 명의 자국 병사들을 잃은 미국은 지금의 산곡동과 부평 일대의 아파트 단지를 포괄하는 넓은 지역을 접수했다. 1971년과 1973년 사이의 재편을 거쳐 캠프마켓으로 축소된 지역에 대한 반환과 이후의 활용 방안에 관해 논의가 계속돼 온 곳이 바로 산곡동 산15번지 일대다.

외국 군대의 주둔은 해당 국가의 사회와 경제에 큰 영향을 주기 마련이다. 인천과 부평의 변화에도 작지 않은 원인으로 작용했다. 얼마 전까지만 해도 안부로 "식사하셨습니까?" "그래, 밥은 먹었니?"라고 묻던 한국(중국에도 이런 문화가 남아 있다)에서 최초로 미군의 기지촌이 생겨난 부평에는 생계를 이어 가려고 많은 사람들이 모여들었다. 이때 새로 만들어진 동네가 신촌이다. 옛 부평역에서 북인천우체국에 이르는 거리에는 상권이 형성됐다. 또한 삼릉과 서부동에도 미군을 상대로 하는 유흥가가 만들어졌다. 부평만이 아니다. 1940년대에 이미 번성해 당시 축현역(지금의 동인천역) 뒤편 화평철교에서 배다리철교 사이에 수백 채의 점포가 모여 있었다는 배다리·중앙시장에도 미군 부대에서 각종 원조품과 군용품이 흘러나오는 양키시장이 만들어졌다.

새로운 음악이 들어오다

그러면서 새로운 문화가 함께 스며들기 시작했다. 해외의 음반과 라디오가 일반인들에게 전해지면서 전과 다른 음악을 접하게 했고, 타지에서 온 미군들을 위한 공연 프로그램과 라이브 업소를 통하여 서구의 대중음악이 점차 퍼져 나갔다. 서울은 물론이고 인천과 부평에 이러한 지역이 생겨났으며, 중앙동에도 미군을 위하여 밴드가 연주하는 클럽이 여기저기 들어서게 된다. 특히 미군을 상대로 하는 '쇼'의 규모가 커지면서 커다란 시장이 형성됐다. 그래서 1950년대 말이 되면 미군과 함께 들어온 음악이 한국 사회에 중요한 이슈가 되었고, 이러한 현상을 보도하는 신문 기사들이 적잖이 등장했다.

물론 기지촌의 형성과 일방적인 문화의 전파에는 부정적인 결과가 따를 수밖에 없다. 때론 가슴 아픈 사건도 발생했다. 하지만 어떤 면에 있어서만큼은 더 많은 가능성을 가지고 있었다. 가수들은 안정적인 수입이 가능하고 점잖은 내국인들보다 훨씬 격정적인 반응을 보이는 미군 무대를 좋아하게 됐다. 이런 무대와 클럽에 서기 위해 연습하고 오디션을 보는 것은 이상한 일이 아니었다. 당시에도 미8군쇼에 한국의 예능인들이 대거 참여하는 현실을 '외화벌이'의 측면에서 긍정적으로 보는 언론까지 있었을 정도다.

그보다 중요한 영향은 1960년대 이후로 미군 클럽과 쇼에서 기량을 닦은 음악인들이 일반 대중을 상대로 하는 가요 시장으로 나오면서 드러나게 된다. 서양의 팝이 한국 대중가요의 중심으로 밀고 들어온 동시에 이전과는 다른 연예 산업 시스템이 만들어지기 시작한다. 그래서 미군 부대 클럽이 끼친 영향은 당시 관객의 수나 종사자 수보다 훨씬 컸다. 한국의 대중음악이 이때 큰 영향을 받았다는 사실은 놀랄 일이 아니다. 그리고 이 무렵에 인천에선 새로운 음악을 꿈꾸는 젊은이들이 경험을 쌓고 기량을 익히며 성장하고 있었다. 보기에 따라선 이 구조가 몇 해 후부터 일기 시작한 한국 그룹사운드 부흥의 불씨였다.

이렇듯 일제강점기에 일본의 영향을 받은 대중음악은 한국전쟁 이후에는 미국의 영향을 받았다. 물론 모두가 외래종이라고 단순화할 수는 있다. 그런데 아카시아뿐 아니라 코스모스·토끼풀·달맞이꽃도 모두 외래종이라는 사실, 전래 설화들 중 여럿도 마찬가지라는 사실은 무엇을 말해 주고 있을까.「토끼전」역시 불교를 통해 전해진 인도 설화의 변형이다. 만약 보편성을 지녔다면 그것은 우리의 것이 되는 것이다. 순대와 소시지의 모양이 닮았다는 차원이 아니다. 사실, 아시아 전체를 보아도 미군의 주둔은 그 나라의 대중문화에 영향을 끼쳤다. 필리핀 등에서 록 음악이 한국보다 더 발달할 수 있었던 이유도 여기에서 찾을 수 있다. 한국의 특수한 상황 혹은 인천의 특별한 사정이라기보다는 인정할 수밖에 없는 세계적인 흐름의 연장선 위에 있었던 것이다.

흔적 없이도 기억할 수는 있다

길목에 서서 들여다본 좁은 골목은 그나마 옛 정취를 간직하고 있었다. 기록만 남고, 그마저도 선택받은 기록만 남고 기억은 사라지는 것이 한국의 도시들이다. 찾던 것을 찾지 못하면 걸음이 이상하게 느려지거나, 아니면 다음 예정지를 채근하며 빨라진다. 하지만 부평 동네에 계속 머무르다가 간판이 눈에 띄는 음악카페에 들어갔고, 목을 축이며 음악을 들었다. 오래전, 타국의 병사들도 이런 곳

부평 미군 기지 항공사진(사진: 부평신문)

을 찾아 자기 고향의 노래를 들었을 것이다. 그 옆에선 한국의 음악을 책임지게 될 미래의 스타들이 새로운 음악을 접했을 것이다. 그 흔적은 사라졌지만 흥겨운 공연장의 명맥은 얼마 전까지 자칭 '부평 모텔촌의 오아시스'라는 루비살롱이 대신 잇고 있었다.

　이야기 하나. 거대도시 가운데에 서 있는 숭례문과 흥인지문은 원래 통로였다. 벽을 잃은 채 생뚱맞게 문만 남은 모습이 가끔은 가여워 보인다. 존재의 목적을 배반하며 존재하고 있는 것이니 말이다. 하지만 그 문 덕분에 우리는 과거에 좌우로 늘어서 있었을 우람한 성곽을 상상할 수 있다. 또 다른 이야기. 제2차 세계대전을 배경으로 한 영화 '더 리더'에는 수용소에서 한 소녀가 상자를 도둑맞은 이야기가 나온다. 안에 들어 있는 내용물이 아니라 상자 자체 때문에 도둑맞았다. 영화의 막바지에서 수용소 감시원이 사죄의 의미로 돈을 모아 담은 상자를 주인공이 원래 주인에게 대신 전달한다. 백발의 노파가 된 소녀는 내용물 대신 상자만 받는다. 상자 자체로도 의미가 있기 때문이다. 부평은 성문이자 상자였다. 이런 메모를 하고 들어선 부평역으로 지하철이 얼굴과 허리를 들이밀고 있었다. 📝

새로운
씨앗이
나무로

시의 고향, 음악의 요람

사람의 삶이 있는 곳에는 시가 있다. 인천 역시 시인
들의 땅이며 바다이다. 멀리는 '그리운 금강산'의 노랫말을 쓴 한상억
(1915년생)을 비롯하여 많은 원로 시인들의 고장이고, 함경남도 함주
에서 내려와 1950년부터 자리를 잡은 '나병 시인' 한하운(1920년생) 같
은 이에게는 새 터전이었다. 전후에는 김영승(1959년생)에서 유종인
(1968년생)에 이르기까지 여러 세대에 걸쳐 시인들을 길렀으며, 덕적
도는 지금의 젊은 세대에게도 널리 사랑받는 장석남(1965년생) 시인을
낳았다. 소설가 구효서가 태어난 강화도에는 지금 함민복(1962년생)
시인의 집이 있다. 그런 시인들의 이름 하나하나를 여기에 모두 써 보
겠다고 작심했다가는 아마 이 글을 끝마칠 수 없을 테지만, 그래도 한
사람의 이름만큼은 더 적어넣어야겠다.

1960년에 연평도에서 태어났으니 여태 살아 있다면 쉰을 넘겼을 어

골목 사잇길로 하늘강이 흐른다.(신포동 골목)

느 시인은 1989년에 세상을 뜨면서 영원히 젊은 시인으로 남았다. 무수히 많은, 그리고 젊고 어두운 가슴들을 대변한 기형도의 시들 중에서 「白夜(백야)」는 "눈이 그치다./ 仁川(인천) 집 흐린 유리창에 불이 꺼지고"로 시작한다. 그가 "軍用(군용) 파카 속에서 칭얼거리는 어린

아들을 업은 채" 지나가는 사내를 바라보던 골목을 우리는 알지 못한다. 그러나 소복한 함박눈을 대신해 소담한 아카시아 꽃이 나뭇가지에 머루처럼 주렁주렁 열리는 오월의 끝자락, 발길은 다른 골목을 찾아 나섰다. 인천은 또한 음악인들의 땅이며 바다이기도 하다.

인주로를 달리는 차 안을 '고래 사냥'이 채웠다. 라디오 안에서 송창식은 노래한다. "자, 떠나자. 동해바다로!" 서해를 향하고 있던 차는 유혹을 물리치고 많은 것을 품고 나이 들어 온 신포동에 이르렀다. 구석구석 걷다 보니 여기저기에 숨어 있는 좁고 아름다운 골목들이 한번 들어와 보라고 손짓하고 있었다. 눈을 드니 골목 사잇길로 하늘강이 흘렀다. 눈을 내리니 시멘트를 걷어 내면 땅을 딛고 선 건물의 다리가 뿌리를 길게 내리고 있을 것만 같았다. 그리고 곳곳에 음악의 흔적을 남겨 두었다. 1960년대 후반에 어떤 신인 밴드는 이 동네에서 실력을 닦았다. 영화 '고고70'의 주인공으로 젊은 세대에게도 널리 알려진 '데블스(Devils)'가 그들이다.

키보이스, 애드 훠, 데블스…
그룹사운드의 시대를 연 주인공들

1967년 미군 부대에 '톱 팝스 쇼단'이 '펄 시스터즈'까지 데리고 공연하러 오기도 했던 인천에서 숨은 고수들이 하나둘 자라고 있었다. 신포동에서 미군 병사들을 상대로 영업했던 '캘리포니아 클럽'에서 연주한 '데블스'도 그들 중 하나다. 밴드의 얼굴로 보컬과 기타를 맡은 김명길은 1947년에 인천 화수동에서 태어났다. 송현초등학교와 동인천중학교를 거쳐 인천공고까지 다녔으니 토박이다. 1969년부터 활동한 데블스에는 황해도에서 태어나 인천에서 자란 연석원도 함께하게 된다. 흑인 음악을 제대로 구현한 소울 밴드인 '데블스'는 인천을 넘어 파주 등지의 미군 클럽들을 돌며 연주했고, 1970년 '플레이보이배 전국 그룹사운드 경연대회'에서 가수왕상과 구성상을 받으며 일약 전국적인 스타로 등장한다. 이 무렵부터 만개한 그룹사운드 역사의 맨 앞장을 그들보다 먼저 써 내려오고 있던 이들 또한 인천에 있었다.

1944년 5월 13일 인천을 고향으로 두게 된 후에 한국전쟁 때문에 영종도에서 초등학교를 다닌 소년이 있었다. 소년은 동산중학교를 다닐 때 친구 집에서 미군 병사의 기타 연주를 훔쳐보고 새로운 세상이 있음을 직감했다. 그리고 기타를 연주하던 미군 군악대 하사관에게 졸라 기타를 배우고, 동산중학교 3학년 때에는 일찌감치 밴드까지 조직한다. 동산고등학교 1학년이 될 무렵엔 인천과 부평에 있는 미군 클럽 등을 오가며 하우스 밴드로 연주를 시작했으며, 같은 학교 선배에게 화성학을 배우기도 했다. 이 소년은 경희대학교에 들어갈 무렵에 이미 기타 신동으로 소문이 났다. 이내 당시 미8군 무대에서 '락앤키(Rock & Key)'라는 이름으로 활동하던 밴드가 그를 스카우트한다. 청년이 된 소년의 이름은 김홍탁, 밴드의 다른 이름은 '키보이스(Key Boys)'였다.

1963년에 결성된 '키보이스'의 오리지널 멤버는 김홍탁 외에 윤항기와 차중락 그리고 차도균과 옥상빈이었다. 그들은 순식간에 장안의 스

타로 등극했고, 한국 그룹사운드 역사의 맨 앞
줄에 기록된다. '키보이스'와의 인연은 여기에
서 끝나지 않는다. 나중에 이 팀에서 드럼을 맡
게 되는 노광혁 역시 인천에서 이름을 날리며
여러 후배들을 가르쳤고, 그의 동생 노중혁은
기타리스트로 '화이브 휭거스'에서 활동했다.
그러나 '키보이스'는 기타리스트 김홍탁이 앞
으로 남기게 될 음악적 성과에 비하면 시작에
불과했다. 전설적인 밴드가 아니라 전설 그 자
체인 '히화이브(He5)'와 '히식스(He6)'의 주인
공이 될 테니 말이다.

  한국 최초의 그룹사운드가 누구냐는 물음은
기준에 따라 달라진다. 결성 시기와 앨범을 발
표한 시점 등 여러 기준이 적용되기 때문이다.
이때마다 언급해야 할 이름들로는 '키보이스'
말고도 '코끼리', 그리고 '애드 휘(Add 4)'가 있
다. 인천에서 자라 동산중학교 밴드부에서 처
음 악기를 잡았다는 김대환이 신중현과 함께
결성한 밴드가 바로 '애드 휘'이다. 경찰악단과
공군군악대 창설 멤버이기도 한 김대환은 1950
년대 말에 미8군 무대의 각종 쇼에서 활약했고,
방송국 악단에서 드럼 연주자로 활동하기도 했

소년의 마음으로 들여다본다. (신포동 라이브카페)

다. 그는 신중현과 함께 한국 대중음악의 역사를 새로 쓰게 된다. 또한 열성적으로 후배 팀들을 조직해 주고 최이철과 같은 재능 있는 음악인을 발굴했으며, 뒤이어 조용필·최이철과 함께 '김 트리오'를 만들기에 이른다. 김대환은 1971년 한국연예협회그룹사운드분과, 약칭 그룹사운드협회의 초대 회장이 될 정도로 한국 그룹사운드 시대를 열어 가는 데 큰 역할을 담당했다.

이 무렵에 '사랑과 평화'의 이철호도 음악인으로 성장하고 있었다. 1951년 인천에서 태어나 송도중학교와 동산고등학교를 다닌 그는 어릴 때부터 많은 노래를 외워 부를 정도였고, 중학교 시절에 극단 쇼를 관람하고 직접 밴드를 만들어 베이스를 연주했다. 음악을 접할 수 있는 환경에서 자라 여러 밴드를 거치고, 또 많은 음악인들을 만나게 된 이철호의 음악 경력이 '사랑과 평화'로 이어진 것은 어쩌면 자연스럽기까지 하다.

끝나지 않은 이야기

지금도 음악을 들을 수 있는 카페와 클럽이 군데군데 자리 잡고 앉아 역사를 잇고 있는 듯한 신포동은 괜스레 정이 가는 동네다. 서울의 신촌과 홍대, 대학로의 어느 구석 분위기를 공유하고 있다. 영화 '과속 스캔들'을 촬영한 장소이기도 하다는 라이브 카페로 향하는 계단을 올랐다. 해가 떨어지기 전이라 문은 닫혀 있었고, 외국인 병사의 연주를 훔쳐보는 소년의 마음으로 유리창 안을 슬쩍 들여다

보았다. 처음 클럽 오디션을 보러 가는 청년들의 마음은 더 두근거렸을 것이다.

발길을 돌려 내려간 신포지하상가에서 또다시 송창식의 노래를 들을 수 있었다. 인천의 라디오는 유난히 송창식을 사랑하는 걸까. 송창식이 신흥초등학교를 다니며 음악가의 꿈을 갖게 됐다는 사실을 알아서일까. 초등학교 다닐 때에 클라리넷을 배우며 음악을 시작했고, 훗날 한국 프리재즈 음악의 대가가 되는 강태환도 신흥초등학교를 다닌 것을 알까. 지하상가를 나서면 바로 신흥초등학교가 나온다는 사실을 알고 누군가 틀어 놓은 것일까. 이 완벽한 우연을 미리 준비해 놓기라도 한 양 방과 후의 초등학교는 점잖게 침묵을 지키고 있었다. "인천문화재단의 주최로 해외 작가 레지던시 프로그램을 통한 공공 미술 프로젝트 '아름다운 교문 만들기'로 제작"됐다는 교문을 아이들이 신난 걸음으로 드나들었다. 문득 옛사람들이 완전히 새롭게 변한 모교를 찾아 예쁘고 아기자기한 교문을 본다면 어떤 표정을 지을지 궁금해졌다.

그룹사운드의
시대가
열리다

　　비록 도시와 바다가 달을 띄우는 일을 도울 수는 없
지만 몸을 열심히 움직여 손톱에서 자라는 반달을 띄울 수는 있다. 어
느 날, 스스로에게 골목탐험대 임명장을 수여했다. 그리고 스스로 컴
퍼스가 돼 골목길을 측량하고 다녔다. 그러다가 예정에 없던 길로 들
어서 버리기도 했다. 그 덕분에 예기치 못하게 근사한 풍경을 발견했
다. 오래전에 그만 놀고 저녁 먹으라는 엄마들의 부르심이 저녁마다
들렸을 법한 거리, 어린아이들의 비밀 장소가 어딘가에 분명히 있었을
것만 같은 거리 말이다. 『대학(大學)』에 나오는 말이며 삶의 좌우명이
기도 한 '혈구지도(앞뒤를 헤아려 올바른 것을 찾아 따르는 것)', 거칠게 줄
이면 남과 나를 함께 생각하는 마음이 이런 곳에선 자연스럽게 만들어
진다. 물론 꽤 많은 시간과 약간의 차비가 든다. 하지만 그 안에는 소
설 『난장이가 쏘아 올린 작은 공』(조세희)과 『괭이부리말 아이들』(김중
미)의 배경이 된 이 도시를 순례하다가 아름다운 삶의 현장에 감동받
는 하루, 그리고 어디선가 역사의 흔적을 발견하고 글로 적을 수 있는

비용이 포함돼 있다. 신기한 일이다. 눈이 하나뿐인, 외눈박이 카메라
가 그런 풍경을 살짝이나마 담아내는 것은.

애틋한 70년대, 뜨거운 음악이 피어오르다

선착장 등지에 차렷 자세로 서서 간첩 신고를 독려
하는 간판에는 간첩은 얼마, 간첩선 얼마 하는 식으로 금액이 적혀 있
었다. 지금으로 치면 '로또대박'쯤 될까. 그때나 지금이나 대부분의 사
람들은 저마다의 삽과 곡괭이를 들고 땅을 파야 했다. 그러나 이런 시
절에 어떤 청년들은 기타를 들었다. 일렉트릭 기타, 즉 전기기타는 음
악의 영토를 확장하는 삽이며 곡괭이였다. 미국 모던 포크의 대표자인
밥 딜런(Bob Dylan)이 통기타 대신 (정말로 삽처럼 생긴) 전기기타를 들
고 무대에 올랐을 때 사람들은 놀랐지만, 그의 노래는 포크 록의 오늘
을 선물했다.

한국에서도 앰프에 연결해야 소리가 난다고 앰프기타라고도 했고, 아
직도 어떤 이들은 전자기타라고 지칭했다가 면박을 당하게도 하는 전
기기타의 등장은 음악의 판을 흔들어 놓았다. 음반에 녹음된 소리는 우
툴두툴했고, 당사자들도 '원래 의도한 사운드는 이것이 아닌데……'
하며 실망했지만, 지금은 오히려 그 소리의 매력을 되살리겠다고 노력
하는 젊은 음악인들이 생겨날 정도로 나름의 매력 덩어리가 됐다. 이러
한 기타의 가능성을 넓힌 인물 중 한 사람이 앞서 소개한 김홍탁이다.

김홍탁이 활동한 '키보이스'의 '해변으로 가요'는 단숨에 모르는 사

소리가 들리십니까.(선포동의 어느 음악카페)

Music CAFE'

람이 없을 정도로 인기를 끌어모았다. 당시에는 저작권 개념이 희박했고 번안곡을 당연시하던 풍조가 있었다. '키보이스'의 노래들도 상당수가 번안곡이었다. '해변으로 가요' 역시 일본 노래의 번안곡이었는데, 워낙에 히트하면서 표절 파문에 휩쓸리고 말았다. 좀 더 색다른 음악, 다시 말하여 록 음악을 하고 싶었던 김홍탁이 '키보이스'를 떠나 결성한 밴드가 '히화이브'이고, 구성원에 변화가 생기며 확대된 팀이 '히식스'이다. 김홍탁이 이끌었던 이 밴드들이 1970년에 '전국 보컬그룹 경연대회'에서 우승한 것은 이들이 남겨 놓은 연주와 후대의 평가에 비하면 큰 경력이 아니다. 당시에 정식으로 발매되지 않았던 그들의 음반까지 찾아내어 복각할 정도로 현재의 음악 마니아들까지 칭송하는 전설이 됐다.

김명길과 '데블스' 역시 1970년대가 낳은 걸출한 그룹사운드가 됐다. 신포동에서 외국 병사들을 상대로 연주를 하며 활동을 시작한 '데블스'의 공연장은 열기로 가득했고, 비유를 하자면 신발장에 빈자리가 없어졌다. 그들은 서양 백인 음악 위주였던 대중음악의 흐름 속에서 아프로 아메리칸, 즉 흑인의 음악인 소울을 밴드 사운드로 표현했다. 음반에 인쇄돼 있는 카피처럼 "획기적인 소울과 사이키델릭"을 선보였던 것이다. 또한 바로 그 문구가 있는 2집 앨범의 커버아트 사진은 묘하게 상징적인 작품으로 회자된다. 시대를 암시하는 듯한, 아니 예언한 듯한 이 앨범이 나오고 1년 후 많은 것이 바뀌기 때문이다.

그것은 끝이 아니었다

인천이 배출한 음악인들을 비롯하여 전국의 말썽쟁이 예술가들이 젊은 세대와 함께 새로운 세계를 열어 가던 1970년대 초반의 열기는 1975년에 강력한 냉풍을 맞는다. 대마초 파동과 박정희 정권의 가요정화운동으로 젊은 생기는 한순간에 사그라진다. 물론 갑작스러운 조치는 아니었다. 이미 1967년 3월에 '음반법'이 만들어지고 공보부는 '국민개창운동'을 시작했다. 그리고 1972년 3월에 문공부는 '건전가요 제정 및 선전보급을 위한 개창운동 사업계획'을 발표했다. 또한 '문예중흥선언'을 통해 "예술과 문화를 창조하는 힘이 민족정신의 기틀을 세우는 일"이고, "우리 문화의 우수성을 확인하는 것"이라 했다. 예술은 선전의 도구였다. 이렇게 한마음으로 민족과 국가, 그리고 건전한 미풍양속을 생각해야 마땅할 때에 덥수룩하게 머리를 기르고 시끄러운 소리를 내는 악기를 연주하면서 자꾸 서양 문화를 흉내 내는 것처럼 보이는 세대가 어떤 이들의 눈에 곱게 보일 리 없었다.

대마초 파동은 그 전에 명확하게 법에서 불법으로 규정하고 있지 않아 대수롭지 않게 여기고 대마초를 피우던 이들을 모두 유치장으로 초대한 사건이다. 그리고 같은 해 6월, 공보부는 '공연물 및 가요 정화 대책'을 발표한다. 한국예술문화윤리위원회의 심의는 더욱 엄격해진다. 그룹사운드의 열기는 일순 얼어붙을 수밖에 없었다. 그러나 아무리 좋은 말도, 아무리 훌륭한 분의 강연도 계속 듣다 보면 가끔은 벌 받는 기분이 들 때가 있다. 사람의 심장이 많고 다양한 만큼 심정도 다양하다. 국가의 지도자들은 이 사실을 과감히 모른 척했지만, 아무리 배불리 먹어도 내일 다시 허기질 사람이라면 음악을 잊을 수 없다. 그래서 단절이 아니었다. 청년문화는 어떤 식으로든 계속 이어졌고, 1970년대 후반에 이르면 그때까지 쌓아 온 에너지가 대학가요제 등의 각종 경연대회를 통해 쏟아져 나오기에 이른다. 심지어 2000년대 중반을 넘어서면 인디 음악인들까지 나서 그 시절 음악의 복원을 시도한다.

데블스 2집(1974). 시대를 예언한 듯한 앨범.

인천에는 또다시 새 시대를 준비하던 이들이 있었다. 1954년 4월 27일 인천에서 태어나 유년기를 보낸 구창모도 그들 중에 끼어 있었다. 훗날 '블랙 테트라'를 거쳐 '송골매'로 스타가 되고, 솔로 가수로도 성공하게 될 구창모에게는 부평의 미군 클럽에서 연주하던 사촌형이 있었다. 사촌형 이승재와 친구들을 통해 초등학교 때부터 해외의 음악을 접하고 전기기타를 연주하기 시작했다. 이렇듯 미군 부대 클럽은 2차 혹은 3차의 단계를 거쳐서라도 인천과 음악동네에 영향을 미치고 있었다. 재미있게도 나중에 구창모와 '송골매'를 이끌게 될 배철수는 항공대 연주 서클인 '활주로(런웨이)'에서 활동할 때인 1975년에 인천의 신신예식장을 빌려 공연을 한 적이 있다.

마이크 니콜스(Mike Nichols)에게 1967년 아카데미 감독상을 선물한 영화 '졸업'의 마지막 장면. 이 영화에서 처음으로 주연배우가 된 더스틴 호프먼(Dustin Hoffman)이 벤 브래덕 역을 맡아 결혼식장에서 신부 드레스를 입은 엘레인의 손목을 이끌고 나와 버스에 올라탄다. 카메라는 아무 말 없이 버스 맨 뒷자리에 앉아 있는 주인공의 얼굴을 한참 동안 비춰 줄 뿐이다. 풍경은 뒤로 멀어져 간다. 사랑을 찾아왔지만 정해지지 않은 미래, 알 수 없는 세계에 대한 모호함과 불안을 이 조용한 롱 테이크가 표현한다. 신기한 일이다. 외눈박이 카메라가 그런 것들을 담아내는 것은. 그리고 흐르는 노래는 사이먼 앤 가펑클(Simon & Garfunkel)의 것이었다.

한국의 대중음악도, 그리고 인천의 음악동네도, 어떤 과정을 졸업하고 새로운 세계로 나아가고 있었다. 상처를 남겼고, 불안을 낳았고, 야

룻한 희망도 있었을 것이다. 고통이 빚은 아름다움을 담은『손이 닿지
않는 슬픔』에는 이런 시가 있다.

접을수록 종이는 구겨지고 접혔던 흔적들은 상처로 남는다
종이는 그것들을 몸에 지닌 채 학이나 나비가 될 것이다
— 이기선의 시「종이접기」중에서

• 1부는『인천 근현대 문화예술사 연구』(인천문화재단/2009)에 큰 도움을 받았습니다. 연구
자들의 성과에 경의를 표합니다.

2부

- 사람들은 기타를 배웠지

- 야구장에 울려 퍼진 '연안부두'

- '그곳'이 만들어 낸 노래들

- 저항의 시대와 인천

- 공단의 불빛, 노래로 타오르다

- 가요제와 대학가, 그 두 목소리

시대의 노래,
저항의 노래

대중가요 속에도 시대의 초상이 새겨져 있다.

서로 달라 보였던 낭만의 꿈과 저항의 이상이

그 자리에 노래를 하나둘 남겨 뒀다. 그리고,

그때 벌어진 일들은 사람들의 삶뿐만 아니라

노래에도 미래를 가져다주었다.

사람들은
기타를
배웠지

과거를 잊지 않은 거리

　　내려앉던 봄 햇살이 내리쬐는 여름 햇볕이 돼 아스
팔트를 달구었다. 이따금 부는 바람은 백범 김구 선생의 서거 62주기
기념식을 알리는 현수막을 쓰다듬고 어딘가로 슬그머니 사라질 뿐이
었다. 애관극장을 지나 용동과 답동 사이로 흐르는 개항로를 연어마냥
따라 올랐다. 더위에 뒷덜미를 잡혀 걸음이 느려지고, 필시 세상을 처
음 보았을 땀방울이 모자를 비집고 나와 이마를 적시기도 했다. 그때
마다 멀리 불쑥 보이곤 하는 답동성당의 종탑이 뒤꿈치를 들고 살펴보
며 응원해 주는 것 같았다. 한적한 길가의 오래된 약국을 좀 지났을까,
개항로 86번지라는 표식을 명찰처럼 달고 있는 낡은 건물이 눈에 들
어왔다. 아까 앞서 갔던 바람이 먼저 도착해서 또 다른 현수막을 흔들
며 기다리고 있었다.

　1970년을 전후해 장미회관에 최고의 가수들이 출연하던 무렵을 지

그쪽으로 가면 볼 수 있나요.(개항로 86번지)

나면서 인천에도 통기타 클럽들이 여럿 생겨났을 것이다. 자취를 찾을 수 있을까 싶어 나선 길이었다. 일제의 계획과 비슷하게 박정희 정권기에도 인천은 서울에 다가가는 방식으로 가지를 뻗었고, 그렇게 새롭게 거점이 생길 때마다 도심은 분산됐다.

1990년대에 들어서며 떠오른 주안과 구월동 등지도 분화의 연장으로 볼 수 있다. 그렇게 바다를 등지고 서울을 바라보는 식이었다. 어떤 학자는 이를 두고 지향과 종속의 심화라고 정리한다. 그런데 놀라운 일도 벌어졌다. 마치 여행자들이 길 위에 흔적과 마을을 남기며 나아가듯, 구도심을 중심으로 옛 동네와 가옥들이 남아 자리를 지켜 온 것이다. 그 또한 재개발이나 정비의 대상이 아니라 역사이자 멋스러움이며 삶의 현장이라는 사실을 알게 되면서 소중한 공간으로 자리를 매기게 된다.

1978년 12월에 개항로 86번지, 옛 주소로는 인천시 중구 경동 187번지에도 작은 음악 공간이 만들어졌다. 포크의 시대이기도 했던 1970년대의 분위기 속에 태어난 그 공간은 이전에 시원한 얼음 창고로 쓰였는데, 건물의 소유주인 유용호가 노래를 할 수 있는 공간으로 꾸미게 된다. 1980년 초부터 연극을 위한 극장으로 바뀌면서 연극 전용 극장으로 유명해졌지만, 그 곳 '돌체' 역시 처음에는 잠시나마 어쿠스틱 기타를 든 음악인의 가창 회가 열리고 여러 사람들이 함께 노래를 부르는 싱얼롱이 이루어졌다. 얼음 창고에서 음악 공간으로, 그리고 극장으로 변신해 온 이 터의 역 사를 알기라도 하듯 벽 위에 걸린 현수막은 어떤 (이미 지나버린)연극에 사람들을 초대하고 있었다. 헨리 데이빗 소로는 자신의 명저 『월든』에 현재를 "과거와 미래라는 두 영원이 만나는 곳"이라 써 두었다. 지금 이 거리와 오래된 건물에서도 과거와 만난 현재, 그리고 어룽거리는 미래를 볼 수 있었다.

송창식에서 구창모까지

지금 생각해 보면 신기한 일이지만 1990년대 초반까 지만 해도 많은 사람들, 특히 대부분의 남자들이 통기타를 칠 줄 알았 다. 최소한 잘 치게 되진 못하더라도 대부분 배워 보려 시도는 했다. 절 로 그렇게 된 것이 아니다. 인과관계가 존재한다. 사람들에게 통기타 가 '자연스러운 문화'가 되도록 만들어 놓은 이들과 노래들이 있었다.

이 도시 출신의 대중음악인은 지금껏 살펴보았듯이 한둘이 아니다. 앞으로 등장할 차례를 기다리고 있는 이름들이 더 많다. '내 마음 당 신 곁으로'라든지 '사랑의 불시착' 그리고 '그대 슬픔까지 사랑해'와 같은 히트송들을 만든 김기표는 그들 중 한 사람이다. 본명이 김성철인 그는 1952년 6월 14일에 인천에서 태어나 20대였던 1970년대 중반부터 안치행과 함께 안타프로덕션을 설립했다. 작곡과 편곡뿐만 아니라 연주에도 능했으며, 많은 밴드들을 성공시킨 제작자이기도 했다. 비록 여섯 살 때 서울로 가서 성장하고 활동하며 써 내려간 이력이긴 하지만, 이후에도 저작권협회 수석이사 등을 역임하고 김홍탁이 있는 서울재즈아카데미에서 음악학부 학과장을 맡기도 했다. 김태화와 박영걸, 조성국 같은 이들도 가요계에서 활약한 인물들이다.

이쯤에서 다시 불러와야 할 이름이 있다. 1947년 2월 2일에 인천에서 태어난 송창식은 1950년 한국전쟁 때문에 아버지를 잃고, 3년 뒤에는 어머니와도 헤어져야 했다. 부모 없이 신흥초등학교에 다녔지만 어릴 적부터 음악 듣기를 좋아했다. 6학년 때에는 인천여상 강당에서 오케스트라의 공연을 보고 음악가의 꿈을 갖게 됐다. 그리고 인천중학교 시절에 학교 대표로 경기도 음악 콩쿠르에 참가하여 수상할 정도로 재능이 있었기에 서울예고 성악과에 진학했다. 형편 때문에 학업을 마치지 못했지만 송창식에게는 장애가 되지 않았다. 1967년 '트윈 폴리오'를 결성하고 '쎄시봉'에서 노래했으며, 록밴드 '석기시대'를 만들어 활동하는 등 그의 음악 여정과 진폭은 간단치 않다.

1970년 솔로로 데뷔한 것은 그에게는 큰일이었지만 세상의 눈길을 끌 만한 일은 아니었다. 그러나 곧, 그리고 시간이 흐를수록 세상에도 점점 큰일이 돼 간다. 1970년대의 청년 감성을 관통하는 '고래 사냥'이 그의 가슴에서 터져 나왔고, '피리 부는 사나이'와 '왜 불러'처럼 1970년대 중반을 상징하게 될 명곡들도 그의 입술을 타고 흘러나왔

2부 시대의 노래, 저항의 노래 71

다. 각종 가수상을 휩쓴 송창식은 가히 당대의 가수왕이었으며, '한번쯤'과 '우리는' 등을 비롯하여 무수한, 그러면서도 분명히 각인되는 노래들을 히트시킨다. 그러면서도 자유로운 영혼의 싱어송라이터로 알려지게 되었다.

2000년대인 지금도 송창식은 평단으로부터 계속 새롭게 평가받고 중요하게 인정받는 아티스트로 건재하다. '담배 가게 아가씨'와 '가나다라' 그리고 '참새의 하루'에서 볼 수 있듯이 국악과 포크의 접목은 물론, 보편의 정서를 독특한 양식으로 노래한 송창식의 음악에선 살펴보는 만큼 놀라운 구석을 발견할 기회를 더 많이 얻을 수 있기 때문이다.

구창모 역시 처음에는 혼자 통기타를 들고 노래하기 좋아하던 평범한 청년이었다. 그런데 홍익대의 교내 그룹사운드인 '블랙 테트라'에 들어가 1978년 TBC 제1회 해변가요제에 출전하면서 삶의 길이 바뀐다. 우수상을 받았을 뿐만 아니라, 임백천·왕영은·벗님들·주병진 등 쟁쟁했던 참가자들 중에서 '활주로'의 배철수와도 인연을 맺었기 때문이다. 구창모가 '블랙 테트라'의 이름으로 두 장의 앨범을 발표했으나 여러 문제로 팀을 떠나 설악산 망월사에 칩거하며 곡을 만들고 있을 때 찾아온 이가 배철수였다. 그들이 다시 만나며 '송골매'가 탄생했고, 칩거기에 만들어 둔 노래를 첫 앨범에 수록해 1982년에 발표한다. 그 곡이 바로 '어쩌다 마주친 그대'이다. 1985년까지 스타 밴드 송골매의 스타 보컬로 활약하다가 솔로로 나선 구창모는 '희나리' 등을 부르며 오랫동안 톱스타로 군림했다.

노래는 시간과 공간과 마음을 잇는 길이다

제대로 사용법을 익히기도 전에 최신형이 최신형에 의해 금세 고물이 되어 버리는 시대가 오고 음악의 장비가 아무리 발달하더라도 통기타는 무수히 많은 노래들의 시작을 지켜보았다. 그렇기에 한동안 어쿠스틱 기타가 인기를 잃어 가는 만큼 그 중요성은 더욱 커질 수밖에 없었다. 근래 들어 기타 가방을 메고 다니는 젊은이들과 학생들이 다시 부쩍 늘어난 것은 당연하고 반가운 현상이다. 이렇게 여섯 개의 줄을 지닌 이 소박한 악기 자체가 과거와 미래를 현재에서 만나게 해 주는 연결선이다.

기타 줄처럼 이어진 길마다 따라와 준 눈길에 보답하는 의미로 답동 성당을 찾아 손길을 보태고 싶어졌다. 1889년부터 역사가 시작된 오래된 성당으로 오르는 길은 마지막에 원을 그리며 조금씩 언덕의 전모를 드러낸다. 공간과 빛을 담아내는 건축 중에서도 성당은 건축과 조각 그리고 회화의 결합체이다. 위압하지 않을 정도까지만 솟은 탑은 천국과 지상을 엮어 주고 있었다. 오래된 유적과 역사적인 건축물이 관광과 유흥 산업에 이용되고, 옛것의 보존은 일종의 타협이 됐다. 이런 상황에서 예외의 자격을 얻은 그곳이 부럽기도 했다. 몸을 이룬 재료가 잘 구운 붉은 벽돌이건 남루한 회색빛 시멘트이건 상관없이 저마다 중요한 좌표가 된다는 사실을 누구라도 붙들고 말해 주고 싶었다.

사람과 건축물의 관계는 사람과 노래의 인연과 비슷하다. 사람의 필요에 의해 건축이 이루어지지만 어느 시점부터 건축물이 사람에 영향

자장면 한 그릇 들고 일하시게. (인천역에서 바라본 차이나타운)

을 주며 습성과 기질마저 변화시킨다. 노래도 그와 같다. 그렇게 노래
를 따라간 이야기는 바람과 함께, 길과 함께, 그리고 오래된 건물과 함
께 시간과 공간과 마음을 이어 놓았다. 📝

야구장에
울려
퍼진
'연안부두'

　　가파른 오르막보다 완만하게 경사진 길이 더 힘들게
느껴진다. 자전거를 타 보면 가파른 길은 차라리 내려서 끌고 올라가
게 되지만, 그러기가 애매한 오르막은 끝끝내 허벅지에게 인내심을 요
구하고 만다. 그렇게 완만한 오르막길을 따라 이른 곳에는 키가 13m
이고 어깨 넓이가 7m 정도나 되는 우람한 노인이 기다리고 있었다.
1908년부터 응봉산 자락을 뚫고 마치 두 개의 세계를 이어 주듯 당당
하게 서 있는 홍예문이다.

　당시 일본의 건축양식을 보여 주고 있을 뿐 아니라, 단지 유적으로만
남기를 거부하고 여전히 통행로로서 제 기능을 다하고 있는 역사의 일
부이다. 이처럼 제 기능을 온전히 다하며 현재와 공존하는 근대 건축물
이 한국에선 흔치 않아 새삼스럽게 느껴지기도 한다. 더구나 1차선을
혀처럼 내놓고 있는 홍예문을 자동차로 드나들기 위해선 상대편을 기
다려 줘야 하니 양보의 미덕까지 가르치고 있는 셈이다. 양 옆으로 오

양보를 가르치는 홍예문

르는 가파른 계단은 하나를 더 가르쳐 주었다. 보는 것만으로도 아찔한 그 계단을 오르면 중력이 허벅지에 더 세게 작용할 것만 같았다. 생각을 고쳐먹었다. 역시 완만한 경사보다 가파른 오르막이 더 힘들다.

사람들은 웃터골로 모여들었다

　　　　　제물포고등학교 주변을 둘러보기 위해 나선 길이다. 정확히 말하면, 옛 웃터골 공설운동장 터를 확인해 보고 싶어서다.

　인천은 야구의 도시이기도 하다. '삼미 슈퍼스타즈'를 시작으로 '청보 핀토스'와 '태평양 돌핀스'로 이어지는 인천 연고의 프로야구단들은 명예롭든 그 반대이든 전설로 남아 있다. '현대 유니콘스'와 'SK 와이번스'에게 차례로 자리를 내주기 전까지 남에게 양보하는 미덕을 발휘하지 않고 단골로 꼴지 자리를 꿰차긴 했지만, 참으로 다양한 의미를 부여할 수 있는 이야기들도 지닌 팀들이다. 그런데 프로야구 개막 이전에도 인천은 야구와 연을 맺고 있었다. 인천고와 동산고는 야구의 강자로 군림했고, 더 멀리 일제강점기에 고시엔까지 출전한 김선웅이라는 선수까지 있었으니, 적지 않은 야구 스타들을 오래전부터 배출해 왔다. 무엇보다 일제강점기부터 인천의 웃터골에는 야구의 열기가 피어올랐다.

　인천에서 서울로 통학하는 학생들의 모임인 '경인기차통학생친목회'는 함께 체육 활동을 하는 모임을 조직했다. 지금으로 치면 스포츠 서클인 '인천한용단'이다. 1920년에 결성된 인천한용단 야구팀이 일본팀과 경기를 벌이곤 했는데 그때마다 사람들은 웃터골 공설운동장으로 몰려들었다. 응원전의 열기가 어찌나 뜨거웠던지 일본 경찰이 정치·사회적인 목적으로 행사를 중단시키기까지 했다. 조선과 일본의 야구 경기가 당시 어떠한 분위기였고, 조선인들에게 어떤 의미였을지 충분히 짐작할 수 있을 것이다. 또한 야구는 음악과 만나기도 했다. 1927년에 '고려야구팀 경비 보충을 위한 음악회'가 인천에서 열렸다는 기록이 있다.

제물포고를 빙 돌아보기 위해 자유공원을 머리에 이고 있는 응봉산 산책로를 천천히 걸었다. 마치 역사를 기념하는 듯이 근처에 야구 배팅 연습장이 있었다. 그물망 밖에서 차례를 기다리거나 일행이 얼마나 잘 치는지 지켜보는 사람들이 다음 타석을 기다리며 투수의 구질을 파악하고 있는 타자처럼 보였다. 다른 편에는 얼굴에 세월을 간직한 어르신들이 삼삼오오 모여 운동을 하고, 작은 가게 앞에 앉아 무언가에 대하여 차분히 대화를 나누고 있었다. 오포산이라고 불렸던 응봉산은 지금 이렇게 평화롭다.

한국 최초의 기상대로 1904년 4월 인천시 중구 전동 25번지인 응봉산 정상에 세워진 인천관측소(현 인천기상대)까지 길은 이어진다. 정오에 시보(時報)를 알리기 위해 포를 쏘아 오포산(午砲山)이란 이름을 만들어 낸 범인은 지금 모습을 감추었다. 해파리를 낭만적이게도 수월(水月)이라 하고 해로(海老)라는 점잖은 이름을 새우에게 붙여 주는 일본인들이 포를 쏘며 시각을 알렸으니 꽤나 법석이었을 게다. 나중에 대신 틀었다는 사이렌(siren)은 바다의 신화와 관련 있으니 그나마 낭만적이다. 이런 생각을 하며 웃터골을 둘러보니 왜 이곳에서 야구경기가 열렸는지 제대로 확인할 수 있었다. 지금은 크게 변했겠지만 주변을 산으로 둘러 관람석을 만들고 너른 공터로 경기장을 만드는 이 웃터골은 말 그대로 천연 스타디움이었던 것이다.

그리고 함께 '연안부두'를 불렀다

그날의 함성은 중구 도원동 6번지로 이어진다. 1934
년에 만들어진 인천 숭의종합경기장에 야구장이 들어섰다. 1982년에
프로야구가 도입되면서 인천구장은 특별한 무대로 도약한다. TV로
보던 야구장을 실제로 찾아가 보면 대개 훨씬 작았는데 인천구장은 그
중에서도 작게 보였다. 한국 프로야구 구장들 중에서 가장 작은 규모

함성과 노랫소리는 문학으로 보내고.(옛 인천야구장 터)

였다니 그럴 만도 하다. 나중에 알고 보니 무허가 건물이었다는 사연을 숨긴 인천구장은 모든 승리와 패배의 장이 된다. 그리고 사람들은 그곳에 모여 '연안부두'를 부르기 시작했다. 부산 사직야구장이 '부산 갈매기'의 공연장이었고, 광주 무등야구장이 '목포의 눈물'을 토해 내는 시위 현장이었다면, 인천 숭의야구장은 '연안부두'를 함께 부르는 항구가 된 것이다.

'연안부두'를 부른 '김트리오'는 3남매로 이루어진 팀이었다. 그들의 부모는 재즈의 선구자들이었고, 미8군 무대가 시스템으로 만들어지는 데 중요한 역할을 한 인물들이다. 베니 김이라는 예명으로 활동한 김영순과 이해연이 그들이며, 그 자녀들인 김파·김단·김선이 함께 음악 활동을 한 팀이 김트리오이다. 그들이 1979년 발표한 앨범에 실린 '연안부두'는 어느새 인천구장을 통하여 인천의 노래로 승격된다.

지역의 넓이가 확장되고 방방곡곡에서 다양한 사람들이 유입되어 구성원의 폭이 넓어지면서 인천의 정체성은 늘 변화하게 된다. 이러한 변화는 정체성이 흩어지고 다양성을 넘어서는 혼종성을 초래할 수 있다. 지금도 이것을 인천의 특성들 중 하나라고 말하기도 한다. 그런데 이러한 것들은 야구가 묶어 주었고(혹은 감추어 주었고), 노래가 엮어 주었다. 자그마한 야구장에서 같은 팀을 응원하고, 내년에는 더 잘할 수 있기를 바라고, 이렇게 같은 마음으로 같은 노래를 부르는 것은 특별한 의식이었을 것이다. 그때 시민들은 부두에서 오가는 배를 바라보듯이 같은 자리에서 같은 방향을 바라보게 되는 것이다.

노래는 다른 곳에서 계속된다

야구로 유명했던 고등학교를 다녔다. 많은 선생님들이 교과서와 출석부를 겨드랑이에 끼고 한 손에는 몽둥이를 들고 다녔다. 그 몽둥이들 중에는 이름까지 얻은 녀석도 있었다. 그런 시절에 늦게 학교를 나설 때면 하얀 야간 조명이 켜진 푸른 야구장이 보였다. 그곳은 어딘지 다른 곳에 있는 세계 같았다. 한때 인천구장도 그러했을 것이다. 2002년에 다른 친구에게 자리를 내주기 전까지 많은 이들에게 추억 한 다발씩을 선물했을 것이다.

고대부터 전략적 요충지로서 군사기지인 산성이 건설됐으며 인천의 북망산이었던 문학산 쪽에 더 크고 더 우람하고 더 세련된 문학야구장이 세워졌다. 인천구장은 태어난 지 74년 만인 2008년 9월에 도시재생사업의 일환으로 철거됐다. 한때 자기 이름을 빌려 주어 도원야구장으로 불리게도 했던 도원역은 황량한 공터를 지켜보며 서 있다. 새로 단장한 도원역을 지나는 철길이 자기도 가끔은 '연안부두'가 듣고 싶은지 덜커덩 헛기침을 한다. 📓

'그곳'이 만들어 낸 노래들

"아들 녀석이 속을 너무 썩여"

택시 기사가 말문을 열 때까지만 해도 '목적지에 가는 내내 넋두리를 들어야겠구나', 마음의 준비를 했다. 아버지와 아들의 대화 형식으로 진행되는 1인2역 극에 가끔 추임새를 넣으며 듣다 보니 점점 아들 자랑이 되어 간다. 아들은 해양대를 나와 한진해운을 다녔고, 이번에 해양경찰 시험에 합격해 6개월간 교육을 받으러 갔다고 한다. 장래 희망은 도선사라고 한다. "아무래도 아드님 자랑 같은데요?" 핀잔에도 아버지는 아랑곳하지 않는다. "아니야, 내 못된 것만 다 닮았어." 택시 문이 닫히며 극은 막을 내렸지만, 아무래도 다음에 탈 손님도 "아들 녀석이 속을 너무 썩여"로 시작해 "내 못된 것만 닮았어"로 마무리되는 아버지의 '못된' 아들 자랑을 듣게 될 것 같았다. 이렇게 육지를 누비는 아버지가 바다의 아들을 키워 내고 있었다.

바다가 부르는 '소래포구'

바다는 예술에 마당을 내주기도 한다. 1924년 굴업도에서 음악무도회가 일찌감치 열렸다. 김동환이 '월미도 해녀요'라는 시를 쓰게 한 월미도, 겉보기엔 작고 어떤 이들에겐 주말 반나절 유람지인 이 섬에서도 굴업도에 앞서 1923년에 '대원유회'라는 예술 행사가 열렸다. 옛날이야기만이 아니다. 일제에 의해 용궁각이 세워졌던 이 섬 아닌 섬에는 많은 카페들이 자리를 찾아 들어왔다.

1980년대 후반에 카페 '헤밍웨이'를 운영한 주인장은 그 자신이 가수이기도 했던 이수만이었다. 이후에 그는 1990년대 후반부터 한국 대중음악 동네를 10년 넘게 장악하게 되는 SM엔터테인먼트를 설립한다. 소녀시대·동방신기·슈퍼주니어·샤이니 등 아이돌 시장을 주름잡은 스타들이 모두 그의 손에서 길러졌다. 양면적인 평가를 받고 있긴 하지만, 그때 이수만은 서해를 바라보며 세계 제패의 꿈을 키웠을지 모를 일이다.

하지만 또 어떤 곳은 노래를 불러낸다. 협궤열차가 사라지고 LNG기지 건설 계획과 한국화약 매립지 확대로 사실상 어업이 거의 소멸된 소래포구는 이제 월곶신도시를 바라보며 각지에서 새우젓을 사러 모이는 사람들을 기다리고 있다. 그래선지 인파가 출렁이는 날에도 어딘지 쓸쓸해 보이는 소래포구를 아름답게 만들어 준 노래가 있다. 실례가 아니라면 '여자 안치환'이라 해도 될 법한 손현숙의 '소래포구'다. 민중음악 록 밴드 '천지인'에서 활동하며 대표곡인 '청계천8가'를 부른 손현숙은 두 번째 독집 음반 '그대였군요'(2004)에서 절절한 음성과 감동적인 선율에 소래포구의 공기를 녹여냈다. "해장국집"과 "새벽 부둣가" 그리고 "멸치잡이 배"와 같은 말들이 기품 있고 처연한 선율로 불리는 순간은 흔치 않다. 부둣가에 어울리는 하모니카 연주까지 깃든 '소래포구'는 일상 어휘의 음악적 승격을 보여 준 노래이다.

오늘따라 바람도 차고 작은 배들 쉬는 소래포구
간밤에 몸살을 앓듯 뒤척이던 서해 바다.
새벽 부둣가 해장국집은 장터같이 바다 얘기하고
차가운 술 한 잔에 이내 몸은 물길 풀리듯 아침이 온다.
새우젓 사려 아낙네 소리 싱싱하게 바다 얘기할 즘
황혼이 밀려오는 소래포구
멸치잡이 배 닻을 올린다.
황혼의 소래포구

— '소래포구', 손현숙

아픔을 감춘 예쁨, '차이나타운'

어깨엔 작은 가방을 메고, 한 손에는 지도를 접어 들고, 다른 손에는 작은 카메라를 들고 다니다 허기를 달래기 위해 여러 곳에 들렀다. 다시 찾은 곳은 2천 원짜리 자장면을 먹을 수 있는 곳. 차이나타운의 패루 밖에 있어 불리할 것 같지만 인천역 횡단보도 바로

오늘 산책 즐거우셨습니까.(차이나타운)

앞에 있으니 또한 요지이다. 완두콩이나 고기는 눈에 잘 띄지 않지만 이 정도 가격에 이런 맛은 호사가 아닐 수 없다. 자장면의 유래가 본시 중국에서 온 노동자들을 위한 것이었다고 하니 오히려 이것이 정통 아닐까.

처음에는 상인들이 인천에 온 중국인들을 대표했으나 이후 철도 건설 등 건설 노동자들이 더 많이 모여들었다. 1910~1920년대에 산둥성에 자연재해가 찾아들고 사회적 격변기를 맞았기에 그곳 출신의 농민과 노동자들이 대거 이주해 왔다. 지금의 내동과 경동, 신포동 일대인 삼리채 거류지의 모습도 이러한 변화에 따라 얼굴을 바꾸었다. 중국의 위상이 변하면서 인천에 모여든 중국인 거리의 성격도 변하게 됐을 것이다. 좋지 않은 일들도 있었다. 인신매매와 아편 밀수에 가담하는 이들도 있었고, 서로 때리고 맞는 사건도 발생했다. 1923년의 신문 보도처럼 조선인와 중국인의 싸움이 심심찮았다. 1924년에는 인천 용망정에서 큰 싸움이 있었다고 한다. 대표적인 사건은 1931년에 일어난 만주 만보산사건의 영향으로 인천에서 발생한 화교 습격 사건일 것이다.

많은 곡절을 뒤로하고 2004년 기준으로 대만 출신 화교 3천 명을 포함해 8천 명에 이르는 중국인이 이 도시의 한쪽 표정을 만들고 있다. 지금 차이나타운은 붉은 등과 우람한 패루로 손님을 맞고 있다. 산둥성 부성장을 역임한 쑨소우보(孫守溥)가 제자(題字)한 글자를 이마에 달고 패루가 우람한 자태를 뽐내고 있으니 연이 참 묘하다.(『화교문화를 읽는 눈, 짜장면』, 유중하)

이런저런 사연을 알 법한 인천 토박이는 아픔을 감춘 예쁨으로 차이나타운을 노래했다. 석 장의 정규 앨범을 포함해 지금껏 모두 다섯 장의 음반을 발표한 인디밴드 '플라스틱 피플(Plastic People)'의 김민규다. 그는 좋은 음악을 많이 발굴하는 인디레이블 '일렉트릭 뮤즈'의 대표이기도 하다. '플라스틱 피플'의 두 번째 앨범 'Folk, Ya!'(2006)에 실린 '차이나타운'은 자신의 성장기와 함께한 동네를 향한 애정과 존중의 표현이다. 그는 플라스틱 피플의 다른 구성원인 윤주미와 2011년 2월에 결혼했는데, 신혼여행을 강화도로 다녀왔으니 천생 인천과 연을 뗄 수 없는 모양이다.

> 숨겨진 시간의 골목 틈새를 지나 그곳에 가면
> 이층집 빨간초록노란 대문이 우릴 반기네
> 어서 오세요, 여기는 느린 시간의 마을
> 나른한 향기로 당신의 바쁜 맘을 멈춰 드리지요
> 빨간 간판 시끄런 폭죽 소리 우릴 반기는
> 낯설은 말로 하루를 노래하는 차이나타운
> — '차이나타운', 플라스틱 피플

만석동으로 간다

이제 발걸음이 만석동으로 향할 때다. '친구'는 두 가지 면에서 의미를 부여할 수 있는 영화였다. 하나는 시대상을 보여 주고 당대의 음악을 활용하여 이른바 복고영화의 전형을 만들어 낸 것이고, 다른 하나는 부산이라는 지역성을 적극 드러낸 것이다. 이 두 가지는 향후 한국 영화에서 한동안 중요한 흐름을 형성한다. 이러한 특징을 보여 주는 영화들 중 하나가 '고양이를 부탁해'이다. 이 작품은 인천 출신의 스무 살짜리 여성들을 주인공으로 한 영화였다. 앞에서 운을 떼어 둔 소설 『꽹이부리말 아이들』의 작가인 김중미도 1963년에 인천에서 태어났고, 1987년부터 만석동 꽹이부리말에서 살다가 2001년에 이 소설을 펴냈다. "절대로 아파트 같은 건 생기지 않을 것 같던

괭이부리말 근처에도 아파트 공사가 시작되었다. 괭이부리말이 부자
가 되어서 변하게 된 것이 아니라, 이제 도시 전체가 찰 대로 다 차 버
려 사람들이 빈민굴이라고 가기를 꺼리던 괭이부리말 근처까지 아파
트를 짓지 않으면 안 될 지경이 된 것이다." 그의 말대로 옛 모습을 기
억하기는 힘들어졌다. 하지만 사연은 시간과 함께 저마다의 색을 지닌
채 쌓여 있다. 힘들고 어두웠던 시절, 힘든 이들과 함께한 음악 이야기
를 할 차례다. 부지런한 옥수수들은 벌써 턱밑까지 솟아올랐다. 이제
그 부지런함을 배워야 한다. 📝

문이 열리지 않으니 꽃을 키울 수 있었습니다.(만석동 동일방직 옛 문)

저항의
시대와
인천

　"시골의 많은 젊은이들이 서울을 동경하며 몰려들던 시절을 배경으로 한 곡이다. 사랑하는 여인을 말릴 수 없어 떠나보내지만, 도시에 가서 얻을 직업이 뻔한데도 보내야 했던 한 남자의 슬픔을 상상하며 썼다."

　가수 이문세가 부른 노래의 대부분을 쓰면서 대중음악사에서 가장 중요한 작곡가들 중 한 사람이 된 고(故) 이영훈의 1주기에 나온 유고집 『광화문 연가』(2009, 민음사)에 '휘파람'의 노랫말이 지닌 속뜻이 적혀 있다. 많은 사람들이 좋아하고 흥얼거렸던 대중가요 속에도 이렇게 시대의 초상이 새겨져 있었다. 그만큼 어쩔 수 없는 떠남과 어색한 정착을 많은 이들이 경험해야 했다. 이러한 의미와 함께 오랫동안 작곡가 이영훈의 음악을 아꼈던 한 개인으로서 죽음의 그림자를 등에 지고 그가 남긴 글들을 모아 펴낸 책의 서문을 썼던 일은 특별한 감정과 함께 기억에 남아 있다.

떠나온 이들이 모이는 도시

　　어쩌면 인천은 한국 사회의 변화와 현재를 압축해 놓은 도시인지도 모른다. 일제강점기에는 집을 잃은 철거민과 바다를 건너온 노동자가 모여들었고, 전쟁 때에는 고향을 잃은 실향민과 피난민이 찾아들었으며, 산업화 시대에는 정든 고향과 이웃을 등지고 떠나온 이농민과 각지의 외지인이 일터를 찾아 자리를 잡았다. 인천 동구 만석동에 무늬를 만들어 놓고 있는 어느 골목 야적장의 목재처럼 사람과 사연이 켜켜이 쌓여 왔다. 그리고 서울과의 지리적 관계까지 겹치며 위성성과 혼종성이란 특징을 안게 된다. 그런데 이것은 한 도시에 해당되는 성격일 뿐 아니라 한국 사회 전체의 일면이기도 하다.

　그중에서 노동자 사회의 형성만 놓고 볼 때에도 인천은 특별한 의미를 지닌 공간이다. 일찍이 일제강점기에 많은 작가들과 지식인들은 인천을 "노동자 계급 탄생의 산실이자 강철로 단련되는 훈련장"(엄흥섭)이자 "노동하는 대중도시"(강경애)라 했다. 이러한 시각에서 인천은 "조선의 심장지대"이기도 했던 것이다. 왜냐하면 일제의 자본이 인천을 거점이자 중심으로 삼아 집중되기 시작했는데, 항구를 건설하기 위해 일하는 축항 노동자와 부두 노동자도 모여들며 노동자 사회가 만들어졌고, 또한 일제에 의해 각종 산업이 일어나면서 더 많은 노동자의 집합지가 됐다. 그들이 받았을 처우와 생활환경이 어떠했을지는 능히 짐작할 수 있다. 1920년대 이후부터 노동쟁의가 빈발했던 것은 자연스러운 현상이다.

　광복 후에도 이러한 특성은 계속된다. 공단지대가 있었고, 많은 노동자들이 있었다. 특히 수도권과 가까워 어떠한 식으로든 노동자들의 활동이 주는 영향이 서울과 주변으로 파급될 수 있는 지역이었다. 그렇기에 일제강점기뿐 아니라 산업화 시대에도 인천은 여러 의미에서 주목받는 지역일 수밖에 없었다. 그리고 실제로 매우 중요한 사건이 일어났고, 의미 있는 계기가 만들어졌다.

떠나는 곳, 돌아오는 곳(인천역 개찰구)

노동운동의 씨앗을 퍼트린 만석동

뜨겁다 못해 따갑게 곤두박질치는 햇볕을 잠시 피할 수 있는 구름을 만들어 주기에 장마철은 고맙기도 하다. 하지만 우산을 들고 다녀야 하는 것은 좀 불편한 일이기도 하다. 가끔은 파란 비닐과 대나무 살로 제 몸을 이룬 비닐우산이 그립다. 비가 그치면 여기저기 부서진 채로 나뒹구는 모습이 처량하기도 했지만, 갑자기 소나기 내리던 날에 부모님이 들고 오시던 비닐우산은 정감 있는 물건이었다. 만석동 곳곳은 이렇게 정감 있고 오래된 풍경을 함께 간직하고 있다. 그토록 뜨거운 외침과 아픈 사연을 간직하고 있지만, 지금 골목은 그저 평화롭다. 작은 상점의 평상에는 생선들이 누워 낮잠을 자고 있고, 그 위에서 파리를 쫓는 기계만 부지런히 돌아갈 뿐이다.

힘든 이들이 있는 곳에는 그들을 돕는 부지런한 이들이 찾아오기 마련이다. 1960년대에 미국 감리교회 목사 조지 오글이 인천도시산업선교회를 세웠다. 그는 오명걸이라는 한국 이름까지 가지고 한국에서 생활했다. 또, 힘든 이들이 있는 곳에는 스스로 돕는 이들이 생겨난다. 1960년대 후반부터 강화도에서 가톨릭노동청년회 출신의 노동자들이 노동조합을 결성하고 해고당하는 일이 있었다. 1960년대에서 1970년대에는 이처럼 사람답게 일하고 사람답게 살기를 갈구하는 이들이 여기저기에 하나둘씩 생겨났다. 물론 그들은 대개 더 모진 일을 겪어야만 했다.

푸른 담쟁이를 이불처럼 덮고 있는 동일방직 담벼락 너머에서 만들어진 역사는 치열하다. 1934년에 조업을 시작한 일본 도요방적 인천 공장까지 거슬러 올라가는 동일방직은 1955년에 민영화되면서 많은 노동자들의 일터가 됐다. 그러다가 1972년 5월 10일, 섬유노조 동일 방직 지부가 세워지고 노조 대의원 대회에서 전국 최초로 여성 지부장이 선출됐다. 그의 이름은 주길자였다. 탄압이 시작됐고, 투쟁이 시작됐다. 앞서 말한 인천도시산업선교회와 인천가톨릭노동청년회 그리고 한국교회사회선교협의회가 여성 노동자들과 힘을 모으면서 노동문화 투쟁으로 전개됐다.

젊은 여성 노동자 124명은 어르기도 하고 윽박지르기도 하는 회유와 협박을 이겨 냈다. 그리고 1978년 2월 21일에 노조 대의원 대회가 열린다. 결과는 참혹했다. 똥물을 뒤집어쓰고 폭행을 당했으며, 경찰에 끌려갔다. 4월 1일 노동조합을 지키려 했던 누군가의 누나, 언니, 동생, 그리고 딸들은 해고를 당한다. 그것은 만우절 거짓말이 아니었다.

쓰리게 핀 꽃이 열매를 맺어 가다

지금 제물량길은 도시 속의 숲처럼 푸르다. 숨겨진 정원처럼 담쟁이와 꽃 그리고 가로수가 에워싼 길은 고요하고 아름다운 산책로가 되었다. 이곳에서 만들어진 동일방직 노동조합이 1970년대 여성 민주노조운동의 효시이자 상징이라는 사실이 오히려 낯설고 생경하게 느껴질 정도로 조용하고 아름답다. 하지만 그것이 꼭 이상해 보이기만 한 것은 아니다. 이 길처럼, 아픈 싸움은 예쁜 예술도 함께

철망을 넘어선 담쟁이처럼(동일방직)

피워 냈으니까.

동일방직 노동자인 석정남과 유동우의 수기들이 1977년 《월간 대화》에 실렸고, 유동우의 수기는 『어느 돌멩이의 외침』이라는 책으로 출간됐다. 노동자들은 연극으로 자신들의 외로운 싸움을 표현하고 전하고자 했다. 이에 영향 받아 노래극을 만든 젊은이가 있었다. 한국 포크와 연극의 역사에 자신을 이름을 올리게 될 김민기이다. 노래굿 '공장의 불빛'이 탄생하는 순간이었다. 공교롭게도 여기에 실릴 음악을 녹음하도록 자신의 스튜디오를 빌려 준 사람은 인천 출신의 송창식이었다. 여기에서 끝나지 않는다. '공장의 불빛'이란 이름은 1984년에 또 다른 수기 '공장의 불빛'으로 이어져 불빛을 이어 간다. 하나의 사건이 글과 연극을 낳고, 이것이 유명한 노래극을 낳고, 다시 이 노래극이 처음의 글에 이름을 전해 준 것이다.

1985년 4월, 대우자동차 노동자들이 파업을 하고 농성에 들어갔다. 대기업이 운영하는 대공장에서 남성 노동자 중심으로 이루어진 대형 투쟁이었다. 그것은 노동운동에 또 다른 전기를 마련해 주었다.

이처럼 인천에서 벌어진 일들은 정지아의 소설 「인생 한 줌」의 한 토막을 가져오면 "감의 미래를 품은 감꽃"이었다. 그것은 노동운동과 일하는 사람들의 삶과 미래뿐 아니라 노래에도 미래를 가져다주었다. 함께 노래하는 사람들이 모여들었고, 많은 노래들이 만들어졌다. 먼 길을 걷다 보면 중력이 너무 강하게 느껴져 쉬어야 한다. 밤이면 중력에 못 이겨 다리를 눕혀야 하고, 눈꺼풀도 내려놓아야 한다. 그렇게 밤에는 옆으로 누워야 하지만 해가 뜨면 하늘을 향해 다시 일어서는 식물, 그것이 사람이다. 🖉

공단의
불빛,
노래로
타오르다

메밀이 꽃을 피울 무렵이다. 해마다 여름부터 초가을까지 메밀꽃은 항상 하얗게 피었지만 사람들은 특별하게 여기지 않았을 것이다. 그런데 이효석의 「메밀꽃 필 무렵」이 널리 읽히면서 메밀꽃은 특별해졌고, 심지어 어떤 사람들은 돈을 들여 구경하러 나서기도 한다. 어디에나 있으나 눈에 보이지 않았던 것이 특별해지는 순간에 우리는 공감한다. 아직도 특별해지기를 기다리는 범상한 것들이 주위에 많다. 그래서 농담이 횡행하는 시대에 프레임 밖에 있는 소중한 소리까지 들려주는 예술작품을 만날 때 우리는 동감을 얻는다. 일하는 사람, 즉 노동자의 삶도 이러한 과정을 거쳐 특별해졌고, 소중해졌다.

일터가 있는 곳에서 조직화된 노래운동

솔아 솔아 푸르른 솔아

샛바람에 떨지 마라

어널널 상사뒤

어여뒤여 상사뒤

— 박영근의 시 「솔아 솔아 푸르른 솔아 – 백제(百濟) 6」 중에서

안치환이 '노래를 찾는 사람들'에 있을 때 불러서 이제는 모르는 이가 없어진 노래인 '솔아 솔아 푸르른 솔아'가 인천과 연을 맺고 있다. 이 노래는 박영근(1958~2006) 시인의 시집 『취업 공고판 앞에서』(1984)가 있었기에 태어날 수 있었고, 박영근 시인은 인천을 제2의 터전으로 삼았다. 전라북도 출신으로 구로공단 등지에서 노동자로 일했던 시인은 1985년부터 이 도시에서 살았다. 단지 거주지로 삼았던 것이 아니다. '노동자의 눈으로 세상을 보는' 노동시인이었던 박영근은 민족문학작가회의 인천지회 부회장을 맡았고, 인천민예총 사무국장과 부지회장을 지내며 인천 문단의 거름이 되었다. 2003년에는 백석문학상을 받았고, 민족문학작가회의 시 분과 위원장과 이사까지 맡게 된다.

박영근 시인처럼 그 무렵부터 인천에 새로운 터전을 일군 이들이 있다. 노래패 '산하'에서 중요한 역할을 맡았고, 그 자신이 1987년부터 인천에서 살아 온 류현상도 그중 한 사람이다. 인천 지역에는 인천산업선교회의 '햇살', 인하대학교의 '시대소리', 인천대학교의 '아침이슬' 등의 노래패가 있었으며, 인천교대와 인천YMCA에도 노래를 배우고 부르는 모임이 있었다. 이러한 노래패 활동에 중요한 계기를 마련한 단체가 '산하'이다.

1980년대 초반부터 대중가요를 부르던 류현상은 서울대 노래패이자 훗날 '노래를 찾는 사람들'을 탄생시키는 데에 한 축이 된 '메아리' 사람들을 알게 된다. 몇 해 뒤부터 노래운동을 하고자 공부하며 준비하다가 조봉호·송성섭·박승현·김보성 등과 1980년대 중반에 인천민중문화운동연합을 창립한다. 이른바 '인문연'의 탄생이다. 지식인들이 쓰는 말로 문화역량의 재배치가 인천에서 이루어지고 있었던 것이다.

사실, 노래패 '산하'는 '메아리' 출신 회원들, 그리고 독자적으로 노래운동을 준비하던 사람들이 모여 시민들을 대상으로 노래를 가르치는 등의 활동을 나름대로 시작하고 있었다. 그러다가 풍물패 '한광대'와 미술패 '갯꽃' 그리고 노동문화단체 '일손나눔'과 하나가 되면서

켜켜이 쌓인 목재처럼 사연도 쌓여 왔다.(만석동 야적장에서)

1988년 '우리문화사랑회'가 됐고, 같은 해 10월 17일에 창립 총회를 열고 공식 출범한 인천민중문화운동연합 안에 있는 민족예술연구회의 노래 분과로 자리를 잡는다. 이들은 1987년 노동자 대투쟁, 즉 민주노조 결성과 파업 투쟁을 적극적으로 지원하는 역할을 하면서 노동자의 권리를 위해 싸웠고, 노래운동을 펼쳐 나갔다.

삶을 노래로 만들다

'우리들의 노래'라는 음반을 제작한 산하는 1988년에 17곡을 담아 공식적인 첫 번째 음반인 '너를 부르마'를 냈다. 1989년에 낸 두 번째 음반, '죽을 수는 있어도 질 수는 없다'에는 31곡이나 담았다. 특히 '죽을 수는 있어도 질 수는 없다'는 위장폐업에 맞서 투쟁 중이던 세창물산 노동자들과 힘을 모아 만들었으며, 이러한 사연은 방현석의 소설 『새벽 출정』의 소재가 되기도 했다. 1989년 6월에 '노동해방가요제 — 천만 노동자의 하나 됨을 위하여'를 개최하는 등 열심히 활동함으로써 공단이 많은 인천 지역에서 노동자들이 스스로 노래패를 만드는 활동에 자극을 주었다. 내부에서 문예운동파와 현장투쟁파 등으로 입장이 갈리게 되는 1993년 즈음에 인문연이 해산하기까지 '산하'는 지역의 노래운동이 확산되는 데 중요한 역할을 맡게 된다.

1990년 인천에서 결성된 '노래선언'처럼 많은 노래패가 뒤를 이었다. 특히 노동자 노래패가 급증하면서 노동자가 음악의 소비자에서 생산자로 거듭난다. 1987년부터 노동문화제가 열린 인천에는 대림통

상·대우전자·대우중공업·영창악기·인천제철·한독시계·한라중공업·대우자동차·동아건설 등에 풍물패가 있었고, 인천대공장풍물협의회가 만들어질 수 있었다고 한다. 노래패도 퍼져 나갔다. 대우중공업의 '노듯두리', 한라중공업의 '힘찬 울림', 아남정공의 '소리샘'과 아남산업의 '한걸음' 그리고 영창악기의 '들풀' 등이다. 이들이 연대해 1993년 인천지역 노동자노래패 연합이 이루어졌으며, 인천지역 금속노동자노래패 연합인 '철의 노동자'까지 탄생시켰다.

처음에는 외부의 도움이 있었지만 점차 노동자 스스로 자신들을 위한 노래를 부르게 된 것에는 큰 의미가 있다. 민중예술과 민족미학의 특징은 투쟁성과 현장성이었는데, 이러한 활동과 연대가 공동체성으로 이어진 것이다. 일제강점기인 1920년대 초기에 저항예술이 민족주의 색채를 지니다가 점차 사회주의 지향을 지니게 된 것처럼 한국의 저항문화도 노동자를 중심에 두는 경향이 강해졌으며, 바로 이러한 흐름에서 인천 지역의 움직임은 상징적이었다.

솔아 솔아 푸르른 솔아

2006년 5월 인천의료원에서 투병하던 박영근 시인은 상태가 악화돼 서울 백병원으로 옮겨졌다. 하지만 5월 11일 세상을 떠났다. 누군가에게 노래를 전해 준 시인은 그렇게 떠났다. 지금도 사람들은 '솔아 솔아 푸르른 솔아'를 부르고 있다. 혼자 세상을 다 바꿀 수는 없다. 그러나 가까이에 있는 사람에게 작은 영향을 줄 수는 있다. 노래 역시 마

박영근 시인. '솔아솔아 푸르른 솔아'의 씨앗을 뿌린 사람.

찬가지다. 노래가 세상을 바꿀 수는 없지만 사람을 바꿀 수는 있다.

아직도 주변엔 보아야 할 것들이 많이 남았다. 만석동 어느 골목의 파라솔처럼 제 몸을 찢어 하늘을 보여 준 이들이 있었고, 앞으로도 생겨날 것이다. 노래운동 출신으로 지금도 활동하는 음악인들은 묘하게도 음반을 낼 때 긴 글을 더해 써 놓곤 한다. 그만큼 아직도 하고픈 말이 많은 게다. 세상에 놓인 '벽(The Wall)'을 노래했던 '핑크 플로이드(Pink Ployd)'의 로저 워터스(Roger Waters)의 말대로 "인간은 아직 어린 종족"이다. 그렇게 불러내야 할 소망이 아직도 많이 남았다. 장마가 끝났으니 이제 여기저기에 하얀 메밀꽃이 필 것이다.

가요제와
대학가,
그 두 목소리

　　1977년, 대학생들에게 목표와 로망이 생기고, 대중은 청량한 자극제를 얻게 된다. 그날 이후 'MBC 대학가요제'는 적지 않은 명곡들과 새로운 스타들을 배출하기 시작했다.

　　1960년대 중반부터 1970년대 중반까지 영국과 미국을 중심으로 대중음악 동네는 폭발과 같은 성장을 이루며 범세계적인 전성기를 맞았다. 한국의 분위기도 비슷했지만, 잇따른 긴급조치와 가요정화운동 그리고 대마초 파동 탓에 흐름에서 이탈하고 만다. 애초부터 박정희 정권은 문예중흥선언과 문예중흥5개년계획에서 "민족문화의 우수성을 확인하고 민족정신의 기틀을 세우며 문화한국의 국위를 선양하는 것"으로 예술을 포장했지만, 실은 선전의 도구이자 통제의 대상일 뿐이었다. 일련의 사건으로 청년문화와 대중음악의 기세가 꺾이고 스타들이 사라진 진공상태를 무언가는 채워야 했다. 출구가 필요했던 청년과 통로를 원했던 대중 그리고 자신의 시대를 열어 가던 TV가 절묘하게 만난 교차점에 '대학가요제'가 있었다.

대학가요제 스타 심수봉,
인천항에서 '남자는 배 여자는 항구'를 낳다

       인천과 연을 맺은 한 여학생이 1978년 열린 제2회 대학가요제에 참가하여 피아노 앞에 앉았다. 비록 무산되긴 했으나 이미 노래 실력이 알려져 나훈아의 주선으로 음반 계약을 맺은 적도 있는 심민경이었다. 그때 부른 노래가 '그때 그 사람'이고, 심민경의 예명이 바로 심수봉이다. 충청도 아버지와 실향민 어머니의 딸로 충남 서산에서 태어난 심수봉은 중학교에 들어갈 무렵에 '뇌신경 인프레'라는 병을 얻고 무의도에서 요양하며 지냈다. 그리고 인천에서 성장하면서 인화여고를 다니게 됐고, 이 무렵에 드럼 등 다양한 악기를 배웠다. 대학가요제를 거쳐 스타가 된 그는 인천의 수봉산과 같은 예명을 쓰면서 일약 한국을 대표하는 여성 가수가 되었다. 그러던 어느 날, 인천항에서 이별하고 슬퍼하는 지인들을 보고 노래를 하나 만들었다. '남자는 배 여자는 항구'는 이렇게 태어났다. 유년기에 인천에서 아픔을 달래고 대학가요제로 데뷔한 심수봉이 사람들의 아픔을 달래 줄 노래를 인천항에서 길어 온 것이다.

  우후죽순처럼 생겨난 가요제들은 청년들에게 또 다른 삶을 시도할 수 있는 기회였다. 한때 대학가요제와 양대 산맥을 이뤘던 '강변가요제'의 1987년 대회장에 쩌렁쩌렁한 기타 소리와 하이 톤의 보컬을 과시하는 밴드가 등장했다. 전에 없던 가창력을 선보이며 가창상을 차지한 것으로 모자라 동상까지 수상한 '티삼스'는 인하공업전문대학의 그룹사운드였다. 국내외의 헤비메탈(heavy metal) 열기가 대학가를 거쳐 가요제에 입성하는 순간이었다. 통기타를 튕기며 악을 쓰는 학생과 노래방에서 마이크를 쥐고 성대를 쥐어짜는 청년·중년의 애창곡이 탄생하는 순간이기도 했다. 아시아레코드와 계약한 티삼스는 1988년 첫 앨범을 발표하지만, 첫 히트송인 '매일 매일 기다려'는 그들의 마지막 히트송이 되었다. 구성원들의 실력이 만만찮긴 했으나 언더그라운드에서 실력을 갈고닦아 온 프로 밴드들의 경쟁 구도에 진입하긴 힘들었다. 이후에 보컬 김화수는 솔로로 데뷔했고, 드럼을 연주한 채제민은 '부활'에서 활동한다. 하지만 티삼스는 단 한 곡으로 '헤비메탈의 도시, 인천'이 낳은 무수한 록 스타들 중 하나로 기록된다.

심수봉과 인천의 인연은 생각보다 깊다.

그런데 가요제는 상업성과 관제 동원이라는 어두운 얼굴도 지니고 있었다. 1981년 '겨레의 꿈과 힘을 펴는 큰마당'이 펼쳐진 바 있다. 이름하여 '전국 대학생 민속국학 큰잔치'이고, 다시 익숙한 이름으로 줄이면 '국풍 81'이다. 신군부는 1979년 12·12 군사반란을 일으키고 1980년에는 5·18 광주항쟁을 탄압하면서 제5공화국을 출범시킨다. 그들은 통폐합되면서 사라진 동양방송의 '전국대학생축제경연대회'를 KBS에서 열려다 더 크고 긴 행사로 환골탈태시키기로 한다. 이런 행사에 신랑 구두의 키높이 깔창처럼 꼭 들어가곤 하는 가요제에 '바람이려오'로 참가하여 대상을 받은 가수가 이용이다. 지금은 '잊혀진 계절'이 됐지만, 예전엔 큰 문화행사를 열거나 체육대회를 유치하여 민심을 달래려 했다. 물론 지금이라고 크게 다르진 않을 것이다.

TV가 보어 주지 않은 청년들의 다른 얼굴

무엇이든 누가 만드는가가 중요하다. 그래서 노래는 작곡가, 영화는 감독, 음악축제는 프로그래머를 보면 그 내용을 짐작할 수 있다. '유재하가요제'도 '하나뮤직' 사람들이 관여했기에 괜찮은 경연대회가 될 수 있었을 것이다. 그런데 주최·주관에 변함이 없는데도 시대에 따라 큰 차이가 나는 행사가 'MBC 대학가요제'이나. 지금은 졸음에 더하는 셈으로 소파에 누워 채널을 돌리다가 잠깐씩 보게 되었지만, 수준의 높고 낮음을 떠나 이미 1980년대부터 비판적으로 보는 시각이 있었다. 청년문화의 한쪽 면만 보여 주고, 또 그쪽으로 청년문화를 유도한다는 문제가 있었기 때문이다. 공장에 취업해 노동운동에 복무하는 학생들이 많았고, 인천으로 들어와 생을 바치는 노동청년들이 많았으며, 인천 곳곳에 노래패가 만들어졌지만 TV는 그들을 보여 주지 않았다. 대부분의 청년들은 튀어 나가려는 말을 입술로 가두며 살아야 했다.

대안이 필요했다. 학생 조직이 스스로 열다가 전국대학생대표자협의회(전대협)의 이름으로 전국적인 경연대회가 된 행사가 '전국 대학생 통일노래 한마당'이다. 기존 가요제의 퇴폐적이고 향락적인 성격을 탈피하면서 왜곡돼 가는 대학문화의 쇄신 및 민중가요의 확산을 도모했다고 한다. 대학가를 중심으로 확산된 노래패 운동의 힘과 일각에서 강하게 제기해 온 통일 의제와도 맞물려 있었다. 몇 차례 계속 이어진 이 행사는 운동권이 여는 큰 행사인 '통일 대축전'의 전야제 형식으로 열렸는데, 수만 명의 학생들이 운집하는 장관을 연출했다. 또한 '진혼곡'과 '다시 살아 부르는 노래' 등 많은 창작 민중가요들이 나오게 됐고, 윤미진·조영남 등의 스타급 학생 가수와 '조국과 청춘' 등 노래패의 구성원들이 등장하는 무대가 되기도 했다. 제4회 대회 때에는 '얼굴 찌푸리지 말아요'와 같은 히트송까지 배출했다. 1988년 11월 2일, 광주 전남대학교 5·18광장 특설무대에서 이 행사가 처음 열렸을 때 인천지역대학생대표자협의회(인대협) YMCA도 김남주의 시에 곡을 붙인 '함께 가자 우리 이 길을'로 참가했다.

대학가요제가 보여준 청년문화는 신선했다. 하지만 전부는 아니었다.

모두가 씨를 품은 해바라기였다

　　　　　시간이 흐르자 하나둘 젊은 날의 꿈과 이상을 발로
몇 번 차고 놀던 돌멩이를 툭 차 버리듯 잊어버렸다. 하지만 서로 달라
보였던 낭만의 꿈과 저항의 이상이 그 자리에 노래를 하나둘 남겨 뒀

다. 저마다 다른 자리에 피었어도 같은 해를 바라보며 모두가 씨를 한 가득 품은 해바라기였다.

당대의 소망을 반영한 경연대회를 하나만 더 떠올려 본다. 선생님과 어린이가 손을 잡고 나와 인사를 하고 나면, 어린이가 몸을 시계추처럼 움직이며 노래하던 모습이 떠오른다. 1983년에 제1회 대회를 열어 이수지 어린이가 부른 '새싹들이다'를 대상으로 선정하며 출발한 'MBC 창작동요제'는 '대학가요제' 못지않게 화제였다. 2010년까지 28회나 열리며 전통을 지켜 오다가 맥이 끊긴 이 대회는 아름다운 창작동요들을 참 많이 탄생시켰다. 그중에서도 2회 대회 대상 곡으로 안호철이 작곡하고 권진숙 어린이가 노래한 '노을'은 지금도 한국인이 사랑하는 동요로 남아 있다. 평택 대추리 들판의 노을을 바라보며 이동진 선생이 지었다는 노랫말 속의 그곳은 어떻게 변했을까. 지금도 그곳엔 같은 노을이 질 테지만. 🖎

• 이 장에서 '1.저항의 시대와 인천'과 '2.공단의 불빛, 노래로 타오르다'는 이재성의 「인천 민중문화운동의 역사: 1930~1992년」(2009)과 정희섭의 「1980년대 이후 인천 문화예술의 새로운 흐름— '인천민중문화운동연합(인문연)' 활동을 중심으로」(2009)에서 많은 도움을 받았습니다.

3부

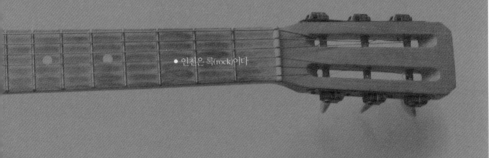

- 새로운 중심지 동인천에서 음악의 '심지'를 태우다

- 헤비메탈의 영웅들이 할거하다

- 인천은 록(rock)이다

- 빗물과 진흙탕이 빚어낸 실망 그리고 희망, 송도 트라이포트 록페스티벌

- 축제의 부활, 펜타포트 록페스티벌

새로운 거점
그리고 새로운 음악

대나무 숲처럼 풍성한 성과와

거미줄처럼 이어진 협력 관계가

상승효과를 가져오고 있었다.

만남이 있었고

만남이 가능한 공간이 있었다.

새로운 중심지 동인천에서 음악의 '심지'를 태우다

동인천과 어느 골목에 관한 이야기

어느 지역에나 그런 장소가 있다. "대한서림 앞에서 만납시다." 그곳은 약속의 땅이었다. 흐린 하늘이 잠깐씩 해를 보여주던 날, 그 자리에 서 있던 누군가가 일행을 만나 자리를 옮기면 릴레이 일인시위라도 하듯이 다른 이가 그 자리를 대신하고 있었다. 주말임에도 예전만큼 번잡하지 않아 언뜻 한산하다는 인상을 풍기지만, 유서 깊은 만남의 출발지답게 여러 갈래를 안내하는 표지판만은 자신의 책무를 다하고 있었다.

"동인천이 왜 서쪽에 있어요?" 인천을 다녀 본 횟수를 한 손의 손가락들로 꼽아도 여러 개를 남길 수 있는 길동무가 물었다. 인천은 바다에 뿌리를 내리고 가지를 서편으로 뻗어 온 식물처럼 자라 왔다는 이야기, 그래서 동인천이란 이름 자체가 이 도시의 성장사의 한 부분이

라는 이야기를 들려주었다. 연관성은 없지만, 아담한 인천1호선 안에
있다 보니 옛 협궤열차에 대한 이야기도 꺼내 나누어 주었다.

　어느 지역의 번성은 다양한 계층과 연령의 집결을 의미하고, 또한
다양한 문화의 공존과 이어져 있다. 한때 동인천은 색다른 영화를 볼

1985년부터 있었다는 재즈카페의 입구

수 있었다는 동인천극장을 품었고, 어느 골목의 빌딩 안에는 다양한 음악을 전파하는 음악감상실을 숨겨 두고 있었다. 바로 그곳, '심지'의 스피커에서 음악이 흘러나온 1982년부터 2001년까지의 기간은 동인천의 성쇠를 대변한다. 물론, 이 동네가 그 지위를 다른 곳에 양보한 것처럼 보이지만, 지하도 계단만 내려가 보면 굵은 핏줄처럼 이어진 지하상가에서 끝없이 늘어선 점포들과 부지런히 오가는 인파들을 만날 수 있다.

지하도를 통해 동인천역과도, 대한서림과도 무척 가까운 곳에 '심지'가 있었다. 도로 하나를 건너 어느 은행 골목으로 들어서기만 하면 이미 도착한 것이다. 이렇게 물리적 거리는 시간과 정서의 거리에 아랑곳하지 않는다. 이 좁고 짧은 골목에는 많은 기억이 한가득 쌓여 있을 것이다. 그것들이 모이는 구심점인 '심지'가 자리했던 건물을 차지한 고시원의 간판이 무심히 지나가는 외국인을 바라보고 있었다. 같은 공간의 용도는 이렇게 완전히 달라졌지만, 누군가에게 오늘의 쉼터이자 미래의 꿈을 트는 둥지라는 점에서는 여전히 같아 보인다.

한 시대와 운명을 나눈 '심지'

연한 주황빛 햇빛이 날아드는 늦은 오후, 새롭게 단장한 좁은 계단을 따라 올랐다. 그러다가 이제는 다른 이들의 것이 된 공간을 함부로 침범하는 기분이 들어 주춤거렸다. 만약 옛 추억을 되짚어 4층까지 계속 올라간 이에게 만화 같은 일이 일어난다면 어떤 이의 표현으로는 허름한 전당포의 창구 같은, 혹은 다른 이의 표현으로는 목욕탕 입구의 계산대 같은 티켓 박스가 나타날 것이다. 그러면 1천 원짜리 지폐 한두 장을 꺼내어 신청곡을 적을 수 있는 종이와 맞바꾸고 어둡고 시끄러운 내부로 조심스레 들어가 볼지도 모른다.

어두운 공간에서 침대 속으로 잠기듯 소파에 몸을 묻으면 이내 세계와의 단절을 경험할 수 있었다. 그러면 곧 한 사람을 대상으로 하는 마법이 펼쳐진다. 그것은 어둠 속에 책상마다 켜진 스탠드 불빛이 한 사람, 한 사람의 생을 모아 놓은 우주와 같았던 독서실 풍경(철창이 있는 감옥 같은 독서실도 있었다)과는 또 다른 풍경이었다. 그 시간을 사람들은 좁은 계단을 오를 때 다리 근육이 조이던 느낌, 어두운 조명과 얼룩지고 빛바랜 스크린, 습한 기운과 눅눅한 냄새 그리고 이 모두를 빨아들이며 푹신해진 소파의 촉감으로 기억한다. 이렇게 시간은 공간과 맺어진다.

일찍이 1950년대부터 한국에는 음악을 들으며 사교를 나누는, 그러니까 문화사랑방 기능을 하는 공간이 생겨났다. 지금과는 조금 다른 의미의 다방이 그것이다. 당시에는 다방이 너무 많다고 개탄하는 기사가 잡지에 실릴 정도였고, 인천의 사정도 비슷했다고 한다. 재미있게도 1950년대에 심지라는 이름의 다방이 서울에 있었다는 기록도 찾아볼 수 있다. 1970년대를 지나며 다방은 통기타 공연과 DJ(디스크자키)가 선곡한 음악을 감상할 수 있는 공간으로 진화한다. 그러던 것이 1980년대 후반부터는 전혀 다른 모습을 지니게 된다. 특징을 압축하면 '청취에서 시청으로, 집단에서 개인으로'의 변화이다.

1980년대에 미국에서 뮤직비디오 채널인 MTV가 개국하면서 대중음악은 듣는 것에서 보고 듣는 것으로 변했고, 대중음악의 성격과 모양새에 큰 영향을 끼친다. 이어 1990년대 초반부터는 세계적으로 대중음악의 제2차 전성기가 펼쳐졌다. 다양한 장르에서 수많은 록 스타들이 쏟아져 나왔다. 하지만 당시 한국에는 이러한 흐름을 눈과 몸으로 체감할 수 있는 창구가 많지 않았다. 도시의 주택은 록 음악을 큰 음량으로 감상하는 장소로도 마땅치 않았다. 여기에 사회는 집단과 소속감의 문화에서 개인과 취향의 문화로 이동하고 있었다. 이러한 배경에서 서울 대학로의 MTV(상호)와 인천의 '심지'와 같은 영상음악 감상실로 젊은 음악 애호가들이 하나둘 모여들게 된 것이다.

새로운 록 스타를 키우다

서울에서도 찾아왔다는 '심지'는 록과 팝 그리고 헤비메탈 음악의 다양한 뮤직비디오를 갖추었다. 두 개의 층으로 나뉜 극장식 감상실은 각기 다른 성향의 음악을 들려주었다. VJ(비디오자키)로 나선 음악 고수들의 아르바이트 장소도 되어 준 '심지'의 스크린은 당대의 아이콘이었던 '본 조비(Bon Jovi)'는 물론이고, 세계를 제패한 '메탈리카(Metallica)'가 엄청난 군중 앞에서 카리스마를 발산하는 광경, 그들과 자웅을 겨룬 '메가데스(Megadeth)'가 탄띠를 둘러차고 손가락을 현란하게 움직이는 영상, 한 시대를 판가름 낸 '너바나(Nirvana)'의 커트 코베인(Kurt Cobain)이 기타를 내동댕이치는 순간, 화려하게 화장한 '엑스재팬(X-Japan)'이 빗속에서 흐느적대는 모습을 보여 주었다. 양동이에 물을 담아 뿌려 대는 오지 오스본(Ozzy Osbourne)의 공연부터 '라디오헤드(Radiohead)'의 등장까지 전달했다.

서울 대학로와 신촌 등지에 이런 공간들이 여럿 생겨났고, 인천에는 '심지' 외에도 '유진'과 주안역의 '성림'이 미래의 추억을 쌓아 갔다. 그러나 도시의 어떤 지역과 마찬가지로 음악감상실이 사라지게 된 데에도 이유가 있다. 대개 케이블 방송의 보급과 인터넷의 발달을 이유로 든다. 마음만 먹으면 더 많은 음악 자료를 집에 있는 소파에 누워 감상할 수 있게 됐기 때문이다. 물론 예전에도 마음껏 음악을 들을 수 있는 이들이 있었고, 지금도 마음처럼 음악을 즐기지 못하는 이들이 있다. 한국의 방송 매체가 비주류 음악에 인심이 박한 것은 예나 지금이나 마찬가지다. 인터넷과 기기의 발달에도 불구하고 음악을 주체적으로 찾아 듣는 음악 애호가의 수는 오히려 줄었다. 다양성을 외면하는 풍조 속에서 저작권의 강화에도 대처해야 했던 음악감상실들은 임대료 급등까지 더해지는 상황을 견뎌 낼 수 없었다.

하지만 '심지'와 같은 공간들은 추억만을 위한 곳으로 남지 않았다. 오로지 귀로 듣거나 허술한 악보를 참고하며 외국 아티스트의 음악을 커버하려던 예비 음악인들은 이곳에서 원작자들의 연주를 직접 확인할 수 있었다. 또 '멤버 구함'이 적힌 쪽지들을 주렁주렁 매달고 있었던 입구와 계단은 음악인과 음악인이 만나는 통로 노릇도 했다. 어둠 속에서 눈을 반짝이며 자신이 무대에 서는 장면을 상상했던 음악인들도 그 자리에 있었던 것이다. 그들 중에는 얼마 후, '대명라이브홀'과

심지가 있었던 골목에는 추억이 한가득 쌓여 있다.

'락캠프'의 무대에 오르는 이들도 있었다.

길동무와 함께 신포동을 지나 관동에 이르렀다. 그리고 우연히 1985 년부터 있었다는 어느 재즈클럽의 입구 계단에서 만화 '피너츠 (Peanuts)'의 주인공들인 찰리 브라운과 스누피, 라이너스를 만났다. 귀여운 벽화를 보고 있자니 예전 음악 공간에서 보았던 이름 모르는 이들이 동지들처럼 느껴졌다. 악수하고 와락 껴안고 싶어졌다. 아마 다시 만난다고 해도 서로 알아볼 수 없을 것임에도 마음속으로 그들의 행복을 기원하고 있었다. 📖

헤비메탈의
영웅들이
할거하다

긴 머리 휘날리며

　　　　꽃을 든 남자만큼이나 머리카락 긴 남자를 보기 힘든 시절이었다. 그러나 어떤 청년들은 치렁치렁하게 머리카락을 길렀고, 부모님의 열렬한 탄압과 어르신들의 따가운 눈총을 이겨 냈다. 이 헤어스타일은 1970년대에 경찰관들이 가위를 들고 단속했던 장발과 달랐고, 당시에 축구 선수들 사이에서 유행했던, 일명 맥가이버 머리 모양과도 달랐다. 물론 그들이 어깨를 넘어 허리까지 머리를 기른 것이 전통문화의 복원을 위한 사명감 때문은 아니다. 그것은 록과 헤비메탈 음악의 또 다른 전통이자 문화였다. 이 글을 쓰는 나 또한 최근까지 긴 머리를 지켜 오며 미래의 어느 날엔 남자의 긴 머리에 아무도 놀라지 않게 될지 모른다고 생각했다. 그리고 이제 누구도 이상하게 쳐다보지 않게 된 21세기에 그 머리를 잘랐다.

　세계의 국기가 다양한 것처럼 음악은 다채롭고, 나라와 지역마다 상

블랙 신드롬(위)과 사하라의 앨범(아래)

황도 다양하다. 그런데 1980년대부터 1990년대 초반까지 국내외를 막론하고 록 음악 중에서 가장 강렬한 헤비메탈이 제 시대를 맞고 있었다. 수많은 음악 애호가들이 이 음악에 빠져든 이때, 인천은 서울과 함께 한국 록 음악의 한 축을 이루게 된다. 이 도시에 연고를 둔 음악인들이 많았을 뿐만 아니라 그 이상으로 팬들도 많다 보니 외지의 유명 밴드들이 찾아와 함께 공연하는 일도 잦을 정도였다. 아직도 인천의 수봉문화회관과 인천시민회관에서 성대한 헤비메탈 공연이 열렸던 기억이 사람들 사이에 되살려지고 있다.

인천에서 뭉친 당대 헤비메탈의 대표 선수들

육상 선수 임춘애와 탁구 선수 현정화 등의 스포츠 스타들을 배출한 아시안게임이 열리고 있었던 1986년, 또 다른 종목의 대표 선수들이 이 도시에서 미래를 준비하고 있었다. 보컬리스트 박영철과 드럼 연주자 곽상근, 그리고 기타 연주자 김재만과 베이스 연주자 방승현이 그들이다. 각자의 팀에서 활동하다가 눈이 맞은 네 남자는 1987년에 본격적으로 하나의 팀을 이뤘고, 이듬해에 첫 번째 음반 'Fatal Attraction'(1988)을 시작으로 정규 음반만 아홉 장을 발표하며 꾸준히 활동을 이어 간다. 한국의 하드록과 헤비메탈의 역사에서 절대 지나칠 수 없는 '블랙 신드롬(Black Syndrome)'이다. 블랙 신드롬에는 인천의 드럼 연주자 홍진규가 가입하여 활동하다가 이전에 자신이 소속되어 활동하던 팀으로 다시 돌아간 적이 있다. 그 팀의 이름은 '사하라(Sahara)'이다.

1990년대 초반이 되면서 기업이 주최하는 콘테스트가 난립했다. 지금은 철 지난 단어처럼 보이는 콘테스트가 그 시절엔 참 많았다. 허무하게도 첫 회로 끝나 버리는 경우가 허다했지만 지금도 회자되는 대회들도 없지 않다. 기념 음반을 만들어 역사에 기록될 수 있게 했고 훗날 중요하게 될 음악인들이 참가했다는 공통점이 있다. 학력 차별적인 대학가요제와 통속적인 여타 가요제에 나갔다간 '매일 매일 기다려'야 했던 록 밴드들이 록 콘테스트로 모여드는 건 당연지사였고, 더구나 그 무렵은 한국 록 밴드들의 전성기이기도 했다.

포장마차들이 주위를 빙 둘러쌌던 잠실 석촌호수의 모습은 롯데월드가 매직 아일랜드를 만들어 확장해 나오면서 완전히 바뀌게 된다. 그곳에서 1992년에 '록그룹 콘테스트'가 열렸고, 참가 팀들의 음악이 이듬해에 '93 Rock Wave'라는 음반으로 소개됐다. 이때 '말할 수 없어(I Can't Say)'를 연주했고, 훗날 두 번째 앨범이자 한국 록 역사에서 중요한 작품이 될 'Self Ego'(1996)를 남긴 밴드가 있다. 한국의 프로그레시브 메탈을 대표했던 사하라가 그들이다. 역시 1986년과 1987년 사이에 인천을 중심으로 활동하며 보컬리스트 우정주를 중심으로 모이게 된 사하라에 기타 연주자 인재홍이 가세하여 음악성을 강화했다. 데뷔 앨범 'The Seven Years of Drought'(1993)를 내놓고 미국의 기타 스쿨인 GIT로 유학을 다녀온 인재홍과 새로운 보컬리스트 이재호 등이 막바지 작업을 해 발표한 두 번째 음반 'Self Ego'는 지금도 마니아들이 잊지 않을 정도로 유명한 작품이다. 또한 일본의 음악 전문지 'Burrn!(번!)'에 소개되어 호평을 받았을 뿐 아니라, 그 곳에서도 2만 장 넘게 음반을 팔아 치웠다.

인천과 연을 맺고 한국 음악동네에 양분을 제공하다

마찬가지로 일본에서도 인정받은 블랙 신드롬 또한 지금까지 활발하게 활동하며 후배들에게 귀감이 되고 있으며, 녹음실을 운영하면서 음악동네에 기여하고 있다. 사하라 출신의 우정주도 많은 록 밴드들의 레코딩 엔지니어(녹음 기사)로 활약 중이다. 그들과 인천의 인연은 음반에도 남아 있다. 한 음악 애호가의 증언에 따르면 블랙 신드롬의 세 번째 앨범에는 동인천역 부근의 모습이, 그리고 사하라의 첫 번째 앨범에는 인천상륙작전기념관의 장면이 담겨 있다고 한다. 이뿐 아니라 사하라가 '93 Rock Wave'에 '말할 수 없어(I Can't Say)'를 녹음할 때엔 손을 다친 인재홍을 대신하여 김세황이 연주했는데, 훗날 신해철이 주도한 '넥스트(N.EX.T)'에서 활동하게 될 그가 몸담고 있었던 '다운타운(Downtown)' 역시 인천 출신 록 밴드였다.

보다 대중적으로 알려진 노래의 주인공도 있다. 1994년에 의류업체 성도어패럴이 주최한 '톰보이 락 콘테스트'는 수상자에게 주는 부상이 획기적이었다. 대상 팀에게 일천만 원의 상금을 줄 뿐 아니라 음반까지 제작해 준다는 것이었다. 이때 수많은 언더그라운드 록 뮤지션들이 나섰는데, 그들을 제치고 대상을 차지한 팀이 1990년대 후반에 새로운 록 음악을 한국에 도입하게 되는 '노이즈 가든(Noise Garden)'이다.

그런데 묘한 일이 벌어졌다. 정작 음반을 발표한 팀은 은상을 받은 '씨-키즈(C-Kids)'였다. 대회 당일부터 주최 측에서 제시한 '러닝타임 5분 이하' 등의 권고(?)를 무시하고 갈 데까지 갔던 노이즈 가든은 앨범을 제작할 때에도 상업성과 타협하라는 요구에 불응했다. 이런 곡절 끝에 씨-키즈가 'Power & Free'(1995)를 발표하긴 했지만, 그들의 '알 수 없는 나'가 '톰보이 락 콘테스트'를 떠올리도록 하는 매개체로서 부족해 보이진 않는다. 인천을 중심으로 활동하던 씨-키즈가 폴리그램의 국내 전속가수 1호가 된 것이다.

호쾌한 메탈 음악과 '거친 남자는 춤을 모른다' 그리고 '팔도 유람'처럼 재미있는 곡들로 화제가 된 음반 'Metal Force'(1994)를 발표한 록밴드 터보(Turbo) 역시 인천과 연이 깊다. 특히 매력 있는 음색과 잘생긴 외모로 유명했던 김병삼과 뛰어난 기타 연주로 주목받은 김태형이 함께한 '제로지(Zero-G)'는 서울에서도 스타였고, 'Exciting Game'(1990)을 시작으로 흥미로운 결과물들을 세상에 내보이며 1990년대와 함께했다. 김병삼은 블랙 신드롬의 박영철과 '맨투맨(Man To Man)'을 결성하기도 했고, 이후에는 '토이박스(Toy Box)'에서도 기량을 보여주게 된다.

만남 그리고 공간이 있었다

이것은 한 부분에 불과하다. 1990년대 중반 이후에도 또 다른 실력파들이 잇따라 등장했다. '사두(Sadhu)'도 그들 중 하나

전국적인 스타 밴드였던 제로지의 2집

다. 정식 데뷔 전부터 인천에 엄청난 친구들이 나타났다는 소문이 돌더

니 급기야 사건을 터트린 음반이 ‘The Trend Of Public Opinion’

(1997)이다. 다양한 리프들이 정신없이 이어지는 이 통렬한 앨범은 헤비메탈 중에서도 센 장르인 슬래쉬·데스메탈이 한국에서도 세계 수준에 이르렀다는 자신감을 심어 준 명작이다.

이처럼 인천 헤비메탈의 일기장을 넘기는 일은 한국 헤비메탈의 역사서를 들추는 것이기도 하다. 다시 말하여 인천 헤비메탈은 한국 헤비메탈 역사의 큰 축이자 굵은 줄기였다. 대나무 숲처럼 풍성한 음악의 성과와 거미줄처럼 이어진 협력 관계가 서로에게 상승효과를 가져

세계 수준의 슬래쉬 메탈을 선보인 사두의 데뷔 앨범

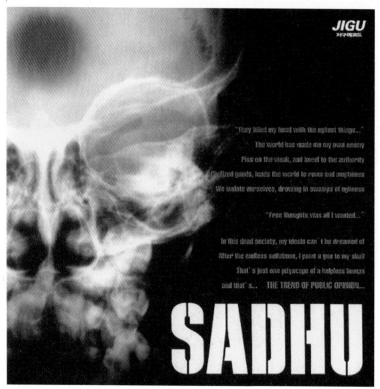

오고 있었다. 그리고 여기에는 '대명라이브홀'과 '락캠프'처럼 음악인들의 교류와 밴드 결성의 계기를 마련하고 기량을 시험할 수 있게 해준 공간들이 한몫했다. 이처럼 만남이 있었고, 그 만남이 가능한 공간이 있었던 것이다. 이제 그들 그리고 그곳과 만날 차례다.

인천은
록(rock)
이다

바람이 솔솔 불고, 풀냄새가 풀풀 나고, 여름밤엔 개구리들이 개굴거리며 제 이름을 알려 주는 곳에 살면서 숲과 저수지를 헤매고 다니다 보니 어느새 나무들과 다람쥐에게는 유명 인사가 된 듯하다. 슬슬 가을 냄새가 나기 시작할 때가 됐으니 어쩌면 인천 거리의 신호등과 골목의 전선들에게도 슬슬 유명해져 가고 있을지 모른다. 여행은 어디로 가는지만큼 언제 가는지가 중요하다. 여행자의 상황과 상태에 따라 같은 장소도 다르게 보인다. 자기 존중의 여부에 따라 여행이 방황이 될 수도 있고, 그렇지 않을 수도 있다.

'언제'만큼이나 '어떻게'도 중요하다. 구경꾼이 아니라 하나로 스며들겠다는 자세가 있어야 하고, 남들이 비싼 차를 타고 폼 나는 여행을 떠나든 말든 상관 말고 두 다리에 의지하면 작고 좁은 부분을 보는 대신에 더 깊게 볼 수 있다. 땡볕 아래에서 언제 올지 모르는 시골 버스를 기다리다 지쳐 버리곤 하는 일만 빼면 의미 있는 순례가 된다. 망원경을 갖고 있으면 멀리 볼 수 있고 현미경을 지니고 있으면 속을 볼 수 있다. 우리는 공부하면서, 그리고 살면서 이런 물건을 마음에 하나씩 장만한다. 물론 더 중요한 것은 체험이다. 체험이 없는 공부는 엉터리다. 그래서 현장과 체험의 이야기는 중요하다.

사람과 공간에 남은 흔적들

부평구청역을 휘감는 굴포천이 녹음을 뽐내고 있었다. 인천광역시 여성문화회관을 지나자 지체 없이 반가운 이름이 나타났다. 2011년에 부활한 '락캠프'의 간판이다. 1997년부터 무수히 많은 록밴드들의 아지트였던 '락캠프' 덕에 인천 부평구 십정동에는 서울의 홍대처럼 실력파 음악인들이 드나들게 되었다. 이미 1980년대의 '자유인'부터 2000년대의 '내추럴 푸드'에 이르기까지 직접 밴드 활동을 했다는 정유천 사장은 인천밴드연합의 회장으로 지역 내 음악인들을 규합하는 역할도 맡았다.

'락캠프'가 2006년에 문을 닫자 이규영이란 청년이 뒤를 잇고자 했다. 그 역시 인천 출신으로 '푸평충'과 '락 타이거즈' 등으로 활동하며 인디음악의 역사와 삶을 함께해 온 음악인이다. 결혼을 하고 아이를 가지게 된 그는 '하이라이즈'로 음악 활동을 재개했는데, '락캠프'가 문을 닫자 '루비살롱'을 부평에 마련한다. '국카스텐'과 이장혁 등 동시대 음악을 대표하는 음악인들을 지원하는 레이블(음악회사)의 대표로 음악동네에서 맹활약한 그를 수시로 만나게 된다. 그는 2011년 초에 정유천 사장이 '락캠프'의 귀환을 추진하고 있다고 전했고, 곧 현실이 되었다. 묘하게도 '루비살롱'이 음악 사업에 집중하면서 서울을 거점으로 삼게 되자, 그동안 강화도의 내가면 외포리에서 '정유천의 락캠프'로 명맥을 이어 오던 '락캠프'가 인천 시내로 돌아온 것이다.

사실 많은 헤비메탈 밴드들은 월미도와 수봉문화회관 그리고 인천 시민회관과 부평역 광장을 주 무대로 삼았다. 하지만 고정적으로, 그리고 정기적으로 공연을 여는 라이브 클럽의 존재는 중요하다. 분명히 문화예술 공간으로 인정받아야 함에도 물질적인 문제뿐 아니라 같은 건물에 입주한 다른 가게로부터 소음 때문에 항의를 받아야 한다는 정신적인 압박까지 감수해야 한다. 클럽 공연조차 합법화 투쟁이 필요했던 한국에서 사라졌다가 다시 살아난 '락캠프'로 들어가는 계단의 간판은 '라이브는 삶이다(Live is Life)'라고 말하고 있었다.

'락캠프' 이전에 헤비메탈 밴드들은 '대명라이브홀'에서 기량을 겨뤘다. 1990년을 전후로 전성기를 누린 인천 헤비메탈의 기둥들 중 하나였던 '제로지'는 지금도 이 도시의 사람들과 '속 깊은' 인연을 맺고 있다. '제로지'와 '토이박스'로 이름을 높인 로커였다가 라면 전문가로 변신한 김병삼의 '맛좀볼래' 때문이다. 2000년까지 힘겨운 음악 생활을 하다가 2002년 3월에 인천 남동구 구월동에서 문을 연 이 퓨전 라면집은 남구 용현동 인하대학교 앞으로 옮겨 가며 명소가 되었다. 10여 개의 가맹점을 거느릴 정도로 성공했고, 2011년에 다시 남동구 논현동으로 본점을 옮겼다. 기묘하게 어울리는 라면과 로커의 인연, 그것이 라면의 달인이 된 록 기타리스트를 낳았으니 개연성 있는 변화라고도 할 수 있다. 더구나 최근에 다시 모인 제로지도 곧 기지개를 펼 계획이란다.

ROCKCAMP
SINCE 1997

인천으로 돌아온 락캠프. 옛 락캠프는 인천 록의 성지였다.

록의 불씨는 꺼지지 않았다

2008년 11월 22일, 제1회 '인천 자유 락 페스티벌'이 돛을 폈다. 그리고 2011년 6월 25일까지 짝수 달 마지막 주 토요일마다 열리며 15회 공연까지 이어졌다. 그동안 30여 팀이 참여한 이 정기 공연에 힘을 쏟고 있는 사람이 있다. 인천록밴드연합을 가꿔 가고 있으며, 헤비메탈 밴드 '휘모리'의 리더인 이재욱이다. 상징적인 밴드였던 '사하라'와 동인천의 전성시대를 대신해 헤비메탈의 메카로 떠오른 곳이 관교동이다. '관교동 패밀리'의 시대가 열렸고, 두어 건물 중 하나는 뮤지션들이 있었으며, IRC(Incheon Rock Company)처럼 유대를 이어 가는 모임도 있었다. '러스트 아이(Rust Eye)', '사두' 등과 같은 작업실을 썼던 이재욱은 소중한 추억뿐 아니라 인간적으로나 음악적으로도 그때 받은 영향과 도움이 컸다고 말한다.

휘모리는 1997년에 시작한 '앵커릭'에서 출발해 2000년에 재탄생한 헤비메탈 밴드로 활동 12년 만인 2010년에 첫 번째 음반을 발표했다. 오랫동안 쌓아 온 곡들 중에서 휘모리만의 색깔을 강조하고 한국어 노래를 고집한 'Hwimory'를 일본의 유명 블로그가 소개하며 사하라와 인천을 짚어 냈다. 이재욱은 인천이란 도시는 록이 강하며 인천 사람들은 음악을 정말 잘한다는 자부심을 가지고 인천의 록을 알리고 싶다는 소망을 가지고 있었다. '인천 자유 락 페스티벌'을 시작하게 된 취지도 여기에서 비롯했다. 단지 인천에서 열리기 때문이 아니라 광주나 대구에 가서도 '인천 록'이란 이름으로 공연하며 자체의 브랜드를 만들겠다는 것이다.

로컬 신, 즉 지역의 음악동네에는 공간과 함께 페스티벌과 같은 기획이 필요하다. 이런 합동 공연은 젊은 음악인들에게 창작곡을 만들겠다는 동기도 부여한다. 그 결과물이 쌓일 때 음악동네가 발전한다. 인천록밴드연합 역시 몇 팀의 음악을 함께 담는 음반인 옴니버스 앨범을 차례로 발표하며 꾸준히 이어 갈 계획을 가지고 있다. 일체의 지원 없이 매우 어려운 상황 속에서 사비까지 털어 가며 진행하는 것은 인천에선 무언가 계속 이루어지고 있다는 것을 알리고, 한국의 록을 이끌어 나갈 팀을 탄생시키고 싶기 때문이다. 제16회 '인천 자유 락 페스

'인천 록'에 대한 자부심이 강한 헤비메탈 밴드 '휘모리'

오늘도 내일의 음악인들이 자라고 있다. ('휘모리'가 운영하는 인뮤직 아카테미)

티벌'은 2011년 8월 27일에 인하대 인근 학산 소극장에서 열렸고, 이후에도 지속되었다.

인천의 뮤지션이라고 해서 모두가 인천에서 태어난 것은 아니다. 이재욱도 마찬가지로 1990년대 후반부터 이 도시를 삶터로 삼았지만, 깊은 애정과 책임을 갖게 됐다. 그는 당시에 막내로서 경험한 선배들의 역할과 그 시절 동네의 분위기를 회고했다. 머리 긴 로커들이 함께 축구를 하고 서로 도움을 주고받는 공동체가 있었고, 지금 그것을 되살리고 싶어 했다. 이제 어머니와 사형제가 모두 인천에 모여 살게 된 그의 열 살짜리 딸도 인천에서 태어나 자라고 있다. 그때의 '형님들' 또래가 된 이 로커는 '한국의 LA'로 불렸던 인천의 록을 되살리고 싶다고 강조했다. 기획 마인드를 가진 인재가 절실하다며, 다른 장르 음악인과 기획자들과의 교류도 간절히 원하고 있었다.

제물포역에서 몇 걸음, 인천시 남구 도화2동의 어느 건물에 '인뮤직 아카데미'가 있다. 휘모리의 구성원들이 함께 모여 있으며, 미래의 아티스트들이 그들에게 음악을 배우고 있는 공간이다. 구석구석을 돌아보며 기타를 배우는 학생들을 보니 미래의 모습이 궁금해졌다. '인천 록'의 미래를 포함하여 지역 음악의 과제는 보편적 추세와 지역적 개성의 조화이다. 이때 헤비메탈 역시 한 축을 맡게 될 것이다. 10여 년 전, 헤비메탈은 몰락하리라는 예측이야말로 몰락해 버렸다. 록과 헤비메탈은 지금도 이렇게 살아남아 진화하고 있다. 옥상에 소박하게 가꾼 텃밭을 둘러보고 인사를 하고 나와 그늘, 즉 나무 그림자에 숨어 잠시 숨을 골랐다. 참 많구나, 가야 할 곳과 만나야 할 사람이.

빗물과 진흙탕이 빚어낸
실망 그리고 희망,
송도 트라이포트
록페스티벌

한가로웠다. 잔디밭에 아무렇게나 앉아 맥주를 마시며 일행과 이런저런 농담을 주고받았다. 여유로웠다. 어디에 앉아야 바지에 흙이 덜 묻을지 심각하게 고민했을 뿐이다. 저 멀리 커다란 무대에서 노래하고 연주하는 음악인들이 잘 보이면 그만이었다. 나머지는 수많은 관객들이 오가는데도 아무렇게나 드러누워 있는 사람들처럼 그냥 분위기에 내맡기면 그만이었다. 물론 다행히 모두가 일상생활 중에 넋을 잃은 사람처럼 혼자서 춤을 추거나 이상한 옷을 입고 떼로 몰려다니지 않는다. 세계적으로 유명한 밴드들의 라이브 음악과 쾌적한 관람 환경 속에 있던 어느 날, 지금과는 전혀 달랐던 1999년을 떠올렸다.

록페스티벌, 그러니까 록 음악을 중심으로 펼쳐지는 음악 축제는 특별한 시간과 공간을 선물한다. 모양도 다르고 색깔도 다른 공연들이 여러 날에 걸쳐 이어지는 페스티벌은 하나의 가수나 밴드의 공연을 한두 시간 정도 집중하며 즐기는 콘서트와 다르다. 그것은 낯설음의 체험이 자 일탈과 자유의 장이다. 한국에서도 페스티벌에 대한 꿈을 꾸는 사람 들이 있었지만, 본격적인 시작점을 짚자면 '송도'로 손가락이 향한다. 거인 같은 크레인의 팔 아래에서 날마다 키를 키우던 빌딩들과 엄청나 게 넓은 공터가 공존했던 송도 말이다. 해외에서 녹화된 영상을 찾아보 며 부러워하는 것으로 만족해야 했던 마니아들에게 송도는 기회의 땅 으로 솟아올랐다. 1999년, '트라이포트 록페스티벌'이 열린 것이다. '한국의 우드스톡' 혹은 '한국의 글래스톤베리'가 실현되는 것 같았다.

이 땅에서 대형 록페스티벌이 시도되다

서구에서 록페스티벌은 생활과 문화의 일부이다. 1969년에 열린 '우드스톡 페스티벌'은 이 흐름의 상징이다. 당대 최고 의 아티스트들과 시대상을 반영한 문화 그리고 새로운 세대가 한자리 에서 만나 이룩한 놀라운 사건이기 때문이다. 미국 전역에서 불편하기 짝이 없는 교통을 감수하고 사람들이 몰려들었다. 잘 곳도 마땅치 않 아 사람들은 허름한 텐트를 치거나 풍찬노숙을 했다. 먹고 자고 입고 씻는 것이 모두 불편했다. 하지만 사람과 음악은 베트남전쟁과 유럽의 68혁명, 흑인인권운동이 한꺼번에 뒤섞이던 시대에 '사랑과 평화 (Love & Peace)'라는 깃발을 휘날리며 어우러졌다. 대중음악이 무엇이 며 무엇을 할 수 있는지 알려 준 것이다.

'우드스톡 페스티벌'이 상징적인 사건으로 기록됐다면, 1970년 영국의 한 농장에서 열린 '글래스톤베리 페스티벌'은 록페스티벌의 전형을 만들어 냈다. 정기적인 공연 기획과 프로그램으로 매해 역사를 쌓아 가며 대표성과 전통을 갖게 되었기 때문이다. 그리고 다양한 장소에서 다채로운 장르의 페스티벌들이 열렸고, 배우이자 음악애호가이며 거장 감독이 된 클린트 이스트우드(Clint Eastwood)의 감독 데뷔작인 '어둠 속에 벨이 울릴 때'(1971)에도 페스티벌의 모습이 담길 정도가 되었다. 더 많은 시간이 쌓인 지금은 나라마다 자국을 대표하는 음악 축제들을 여러 개씩 지니고 있다. 1997년부터 일본에서 열리며 금세 세계적인 행사로 성장한 '후지 록페스티벌'을 한국도 부러워할 수밖에 없었다.

어느 날, '트라이포트(Triport)'라는 단어는 한 도시의 지향을 넘어 하나의 기대로 다가왔다. 인천시는 송도를 에어포트(공항)와 시포트(항만) 그리고 텔레포트(정보)라는 세 통로(port)를 모아 내는 축으로 삼아 알리고자 했다. 인천시의 지원으로 공연기획사가 프로그램을 짜면서 이틀 내내 열리는 대형 공연인 '송도 트라이포트 록페스티벌'이 탄생한다.

페스티벌의 최대 관심사는 출연자 명단이다. 그 리스트는 당시로선 최고였다. 한국을 대표하는 '노이즈 가든', '크래쉬', '자우림', '윤도현 밴드', '시나위', 김종서, '크라잉 넛', '부활', '델리 스파이스'가 한 무대에 서기로 했다. 해외에선 세계 최고의 록 밴드 '딥 퍼플(Deep Purple)'을 비롯하여 '드림 시어터(Dream Theater)', '프로디지(Prodigy)', '레이지 어게인스트 더 머신(Rage Against The Machine)' 등이 한국으로 날아왔다. 지금이야 대수롭지 않은 일이 되었지만, 당시엔 이런 아티스트들이 같은 무대에 연달아 오르는 장면을 본다는 것은 꿈 자체였다. 송

트라이포트 록페스티벌에 감동을 남긴 딥 퍼플

도로 가는 길은 멀었지만, 7월 31일과 8월 1일은 많은 이들이 기다리
는 날이 됐다.

드높아진 기대가 참담한 실망으로

거대한 탑과 화려한 조명 시설과 듬직한 음향 시설
을 갖춘 무대, 그 앞에는 주인 잃은 신발이 떠다녔다. 시원한 빗물을

타고 어디선가 콜라병이 떠내려왔다. 그해, 유난스러웠던 장마전선은 공연일이 다가오는 기간 내내 비를 뿌려 놓고도 부족했는지 당일에도, 그다음 날에도 빗줄기를 줄기차게 쏟아부었다. 사실상 공사 예정지였던 송도 일대는 진흙탕이 됐다. 죽이 된 땅은 관객들의 발목을 넘어 정강이까지 삼켜 버렸다. 그 자리에 '노아'라는 이름을 가진 사람이 있었다면 아마 방주를 만들어야 한다고 주장했을지도 모른다.

비는 페스티벌을 산으로 보내 버렸다. 첫날부터 공연이 장시간 지체되었다. 관람 환경뿐 아니라 공연장비의 특성상 안전을 장담하기 힘들었으며, 막강한 호우에 대비하지 못한 무대장치는 원활한 진행을 보장해 주지 못했다. 첫날은 그나마 일부 공연이 시도되었으나 그다음 날은 전면 취소됐다. 팬들의 항의와 비난이 장맛비보다 더 매섭게 몰아쳤다. 의욕적으로 추진되고 큰 기대 속에 열린 '트라이포트 록페스티벌'은 막대한 적자를 남겼고, 행사를 주관한 공연기획사는 간판을 내려야만 했다.

누구나 소풍날이면 꼭 비가 오더라는 기억을 가지고 있다. 소풍을 그다지 좋아하지 않아선지 딱히 그런 생각을 하진 않았다. 오히려 책걸상을 뒤쪽으로 몰아 놓고 마룻바닥에서 김밥을 먹고 귀가하는 '교실소풍'을 더 좋아했으니까. 하지만 음악 팬들에겐 1999년 여름부터 하늘은 어떻게 하면 한국에서 록페스티벌이 성공할 수 없는가를 증명할 수 있는 비법이라도 알고 있는 것처럼 보였다. 그러나 사실 7월 말은 비가 올 확률이 높은 우기이다. 장마와 태풍의 위험이 상존하는 기간이다. 그런데 이때 록페스티벌이 열리는 이유는 이웃한 일본에서 그 무렵에 페스티벌이 열린다는 일정과 관련이 있다. 외국의 유명 음악인들이 일본을 들렀다가 한국을 다녀갈 수 있는 기회가 생기기 때문에 비용 절감의 효과와 섭외의 가능성이 크다. 화려한 출연진을 구성할 수 있는 대신에 해외 의존적인 페스티벌의 한계가 있는 것이다.

그러나 감동은 희망이 되다

지금 생각해 봐도 '트라이포트 록페스티벌'은 나무랄 데 없는 출연진과 나무랄 데 많은 준비가 공존한 행사였다. 물웅덩이마다 아쉬움과 실망이란 글자가 둥둥 떠다녔다. 어떤 이들에겐 '그것 봐라, 한국에선 뭐든 안 돼'라는 웃음거리가 됐지만 진짜 페스티벌이 무언지, 편리함과 쾌적성이 페스티벌의 원래 모습이 아니라는 사실을 알게 해 줬다. 또한 우천에 완벽하게 대비하는 무대장치와 안전시설을 기본으로 삼는 계기가 됐다. 덕분에 몇 해 후, 록페스티벌은 실패하리라는 예측이야말로 실패하고 만다.

이 무렵부터 한국에서도 록페스티벌의 가능성이 커져 간다. 1999년 가을, 기업 '쌈지'가 문화 사업의 일환으로 '쌈지 사운드 페스티벌'을 시작한다. 2000년에는 도시마케팅의 일환으로 '부산 국제 록페스티벌'이 개최됐다. 2004년 가평군의 작은 섬에서 '자라섬 재즈페스티벌'이 연인과 가족들을 불러들이기 시작하면서 스위스 레망 호숫가에서 열리는 '몽트뢰 재즈페스티벌'과 같은 음악 축제를 우리도 갖게 된다. 그리고 2005년과 2006년에 최고 수준의 한국 대중음악을 집대성한

한국의 록페스티벌은 매번 비와 싸워야 했다.(펜타포트 록페스티벌)

'광명 음악밸리 축제'가 열리기에 이른다. 물론 인천 록페스티벌의 진짜 역사 또한 이 무렵 다시, 그리고 새롭게 써진다.

딥 퍼플의 명곡을 자기네 데뷔 앨범에 헤비메탈로 만들어 실어 놓았던 크래쉬가 트라이포트 무대에 섰다. 딥 퍼플이 기다리는 곳에서, 물바다가 된 곳에서 'Smoke On The Water'가 회색빛 하늘 속에 울려 퍼졌다. 1968년부터 음악 생활을 일궈 온 딥 퍼플도 관객들을 위해 폭우를 무릅쓰고 열정을 다해 공연을 펼쳤다. 사람들은 얼굴을 타고 주룩주룩 흐르는 빗물에 감동의 눈물을 섞어 흘려보냈다. 그날 드럼의 심벌 위에서 빗방울이 작은 물방울이 돼 공기 속으로 튀어 흩어지던 장면은 누군가에겐 잊지 못할 순간으로 남았다. 그런 장면들을 봤을 때, 느낌이 움직이는 순간을 두 글자로, '감동'이라 말한다.

축제의
부활,
펜타포트
록페스티벌

록 그리고 페스티벌은 어떤 의미를 갖는가.

격언으로 널리 알려진 "천 리 길도 한 걸음부터"는 순자(荀子)의 손에서, 그리고 "맑은 물에는 고기가 살지 않는다"도 공자(孔子)의 입에서 나왔다. 위대하다고 하면서 대부분 읽어 보지 않는 책으로 불리는, 심지어 읽지도 않고 읽었다고 착각하는 것을 고전이라 부른다. 읽은 것처럼 느껴진다고 읽지 않는다면 낭패이며, 오래됐다고 외면한다면 낭비이다. 그러나 오래전에 살았던 사람들의 이야기가 당연하게 생각되는 이유는 긴 시대를 관통하며 당연한 것이 됐기 때문이고, 풀어 쓴다고 하지만 실은 더해 쓰는 것이기 때문이다. 사유의 가장 높은 좌표들을 남겨 놓았고, 덕분에 언제든 그 지점으로 찾아갈 수 있다. 앞서 같은 책을 읽고 같은 감동을 받았을 사람들과의 교감, 그러니까 죽은 자들과의 소통이다. 오래된 것이 좋은 게 아니라 좋은 것이기에 오래될 수 있었다. 그래서 '고전'은 아무리 오래돼도 낡지 않는 것이다. 또 옛이야기는 현대인을 겸손하게 만든다. 조선시대 패설집들의 유머 감각은 근래와 별반 차이가 없다.

횡으로 이어지는 것들도 있다. 콩쥐팥쥐와 해님달님 그리고 별주부전과 비슷한 이야기를 아주 먼 나라에서도 찾아볼 수 있다. 학자는 그 기원을 고대 페르시아에서 찾는다. 중국의 '목란사'처럼 남장 여인이 등장하는 이야기는 보편적이고, 조덕배가 부른 '꿈에'라는 노래는 꿈에 본 연인을 잊지 못하는 중국의 옛이야기인 '두여랑'과도 통한다.

종과 횡으로 이어지는 끈이 대중음악에도 있다. 대중음악의 한쪽 큰 뿌리인 록(rock)은 역사와 공감을 품고 있다. 오래전에 연주됐더라도, 멀리에서 만들어졌더라도 '지금, 여기, 우리'와 통하는 구석이 참 많다. 그런 음악을 한자리에 모아 내는 록페스티벌은 살아 있는 박물관이자 생기 넘치는 전람회이다. 그래서 어떤 음악 축제가 있는지로 그 나라의 음악 수준을 가늠할 수 있다.

인천, 페스티벌 문화의 통로(port)가 되다

세 개의 포트(port) 모두가 빗물의 통로라도 된 것 같았던 '트라이포트 록페스티벌'은 끝이 아니라 시작이었다. 비즈니스와 레저라는 두 개의 포트가 더해지고 2006년에 '펜타포트(Pentaport) 록페스티벌'이 부활한다는 소식이 전해졌다. 기자회견장에는 '플라시보(Placebo)', '블랙 아이드 피스(The Black Eyed Peas)', '프란츠 퍼디난드

펜타포트 록페스티벌(사진: 공식 홈페이지)

(Franz Ferdinand)', '스노우 패트롤(Snow Patrol)'처럼 당대에 가장 인기 있는 음악인들의 이름이 적혀 있는 목록이 배포되었다. '인천 펜타포트 록페스티벌'의 부활과 함께 대형 대중음악 축제 시대의 막이 본격적으로 열리는 순간이었다.

말이 공원이지 초기엔 공터나 다름없었던 송도는 2006년에도, 그리고 2008년에도 많은 비를 축하 선물로 받아야 했지만 모든 것이 달라져 있었다. 무대 시설은 폭우에 대비했다. 관객들은 장화를 준비해 왔고, 현장에서 우비를 구할 수 있었다. 뜨겁다 못해 따가운 여름 햇볕을 피할 곳이 생겼고, 곳곳에 한가로운 소풍날의 풍경이 펼쳐졌다. 몇 년 만에 '펜타포트 록페스티벌'은 한국을 대표하는 음악 축제로 자리를 잡았으며, 새로운 문화를 전파했다.

한국에서 페스티벌이 성장할 수 있었던 원인을 해외의 역사에 대입하여 찾을 수 있다. 첫째는 인디음악의 발전, 즉 소스의 확보이다. 대부분의 페스티벌 출연진 중 국내 명단을 대개 인디음악인들이 채우는 이유는 비용 대비 효과가 크기 때문이다. 두 번째는 다른 형태의 문화에 대한 욕구이다. 특히 여성의 지위 상승이 문화산업에 가시적인 영향을 주었다.

출판계의 베스트셀러에는 여전히 중장년 남성들이 결정적인 역할을 하고 있지만, 음악 시장은 20~30대 여성들이 주도하는 형국이다. 1990년대 이후 영화의 성장을 시작으로 문화산업의 축이 여성으로 이동한 데에는 참여형 수용 방식과 문화 소비를 통한 사교라는 기본 성향뿐만 아니라, 여성의 넓어진 사회·경제적 활동 반경이 문화 욕구로 표현된다는 여건 변화와 관련이 있다. 물론 예전에도 마음껏 공연을 보고 음반을 모으는 여성들이 있었고, 지금도 그렇지 못하거나 아예 안 하는 여성들이 있다. 하지만 여성의 지위와 문화산업에서의 중요도 상승은 한국뿐 아니라 아시아 각국에서 다양한 형태로 이슈가 될 정도로 공통적인 현상이다. 비단 여성에 국한시키지 않을 경우에 음반 대신 음원을 소비하는 세대는 수집보다 경험을 중시한다. 이들이 페스티벌로 모이는 것이다.

인천의 한쪽 끝에서 촉발된 음악 축제의 활성화는 음악성에도 영향을 미쳤다. 아무리 훌륭한 음악을 만들어도 마땅히 대규모 관중과 만날 만한 창구가 없는 상황에서 페스티벌의 활성화는 음악인들에게 자극을 주었다. 차분한 사색과 잔잔한 소리를 기본으로 하는 이들도 무대 앞의 흥겨운 풍경을 그려 보게 하는 곡들을 발표하는 경우가 많아졌다.

새로운 계단에 서게 된 펜타포트 록페스티벌

2007년부터는 '그랜드민트 페스티벌'이 서울 도심의 공원을 핑크빛으로 물들였다. 2009년에는 '펜타포트 록페스티벌'에서 분화한 기획그룹이 주관하는 '지산밸리 록페스티벌'이 열리며 중심축이 이동하는 양상을 보였다. '펜타포트 록페스티벌'은 장기간의 거리 공연과 단기간의 대형 공연으로 이뤄진 '인천 펜타포트 음악 축제'로 변신하며 새로운 진로를 모색하게 된다. 송도를 떠나 서구 드림

파크로 장소도 옮겼고, 2011년에는 보아, 미쓰에이, 빅뱅의 멤버들 (GD & TOP＋태양)이 포함된 출연진에서 알 수 있듯이 록페스티벌이라는 정체성에도 변화가 생겼다.

기실 한국의 페스티벌은 과제를 안고 있다. 지방자치제의 시행 이후 지역 브랜드를 창출하려는 지자체의 지원으로 인천과 부산 그리고 가평에선 페스티벌이 안정화됐다. 하지만 다른 경우엔 자치단체장의 정치적 의도와 지역 내의 역학 구도에 따라 명멸하기도 한다. 대기업이 주최하는 경우에는 상업화에 대한 우려가 뒤따른다. 대규모 자금이 투입되는 만큼의 비용은 관객들이 떠안아야 한다. 일각에선 음악 애호가가 자유를 만끽하는 기분을 얻는 대신 자본의 자유는 더 커졌다는 비판을 제기한다. 이처럼 '한국적 상황'의 도움을 받아 성장한 록페스티

펜타포트 록페스티벌(사진: 공식 홈페이지)

펜타포트 록페스티벌(사진: 공식 홈페이지)

벌은 바로 그 요인의 한계에 직면할 수밖에 없다.

일본의 페스티벌에 신세를 지는 종속적인 프로그램도 극복할 시점이다. 영화제처럼 안목을 갖춘 프로그래머들이 적은 비용으로 수준 높은 아티스트를 발굴해 전달하는 것이 장기적으로 기대해야 할 모습이다. 기업과 행정당국을 넘어 지역 문화와 결합하면서 지역도시 축제의 성공 모델이 된 사례가 외국에는 많다. 2011년 여름을 더 뜨겁게 달구었던 무대 앞이 미래에도 인파로 출렁이게 될지, 그리고 다른 가능성이 없을지는 다음 걸음에 달려 있다.

그러나 이것만은 분명하다. 록페스티벌은 인천에 새로운 이미지를 부여했다. 공업도시 혹은 문화 불모지라는 인식이 바뀌었고, 서울의 곁에 있는 위성도시가 아니라 새로운 위상을 지닌 도시로 만들었다. 트라이포트에서 펜타포트로 이어지는 역사가 홈페이지가 바뀔 때마다 사라지고 몇 장의 사진만 남는 기록문화는 아쉬운 부분이다. 블로그를 가지고 있는 한 사람의 행장, 즉 전기를 쓰기가 더 쉬울 것이다. 그래도 기억은 남아 있다. 2007년 7월 29일, 송도의 모래밭에서 일찌감치 음악인들과 어울려 낮술을 마신 탓에 영국 출신의 록 밴드인 '뮤즈(Muse)'가 등장하려는 순간 집으로 돌아와야 했다. 이른바 '송도회군'이다. 하지만 아쉽지 않았다. 록페스티벌이란 그런 것이다.

4부

- 그곳에 사람이 있었네

- 옛 노래를 간직한 사람, 새 음악을 찾는 사람

- 새롭게 부는 바람을 보다

- 동네와 골목에 스민 노래

- 도시와 노래는 어떻게 닮아 가는가

- 인천과 대중음악의 만남에서 어떠한 가능성을 찾을 것인가

삶과 공간에
스민 노래

삶이 있는 곳이 삶터이고

삶터에서 새로운 삶이 피어난다

무대와 객석으로 이루어지지 않았어도

삶의 공간이 진정한 공연장이며

음악이 태어나는 스튜디오이다

씨앗이 바람을 타고 내려앉을 수만 있는 곳이라면

어디에서든 노래는 자란다

그곳에
사람이
있었네

커다란 달이 노래하는

하늘 아래 동네 골목길

아이들 돌을 쥐어 달리고

밤이 깜빡거리는

거리는 시대를 잊어

돌아갈 집도 잊었네

— '수도국산', 플라스틱 피플

유년의 기억이 노래가 되다

　　해발 56m 높이의 키 작은 산은 20세기 초에 수도 시설을 자기 머리에 얹으면서 지금의 이름을 갖게 됐다. 사람들이 모여들어 4만 9천500여m²의 비탈에 3천여 가구를 이루면서 수도국산은 삶터가 됐다. 오랜 시간이 흘러 2005년에 수도국산 달동네박물관이 생겼다. 인디밴드 '플라스틱 피플'은 '잊고 있던 동네들과 기억에 대한 향수'를 '수도국산'이란 노래로 빚어냈다. 그렇게 오래전의 웅성임이 노래가 됐다. 그래서 어떤 땅의 등기부등본에 자신의 이름을 올렸다고 그 땅의 역사까지 샀다고 착각해선 안 된다. 어떤 기업이 섬 하나를 소유하게 됐다고 그곳에 사는 생명체들까지 샀다고 오만을 부려선 안 된다.

1990년대 후반부터 2000년대에 이르기까지 한국 대중음악의 한 축은 인디음악이 맡고 있다. 자본과 시장의 논리에서 비껴선, 독립적인 음악이다. 그러한 인디음악 동네에서 수많은 아티스트들이 등장하고 있다. 싱어송라이터 시와도 그들 중 한 사람이다. 미니앨범 '시와' (2007)와 정규 앨범 '소요 逍遙'(2010)를 발표했으며, 독립 다큐멘터리 영화 '오월애'(2011)의 음악감독도 맡은 시와는 유년기의 한 부분을 인천에서 보냈다. 5층짜리 주공아파트 단지에서 자전거를 타고 놀던 기억을 떠올리며 말한다. "그때 유년기의 기억이 제 노래를 만든 것 같아요."

유년기를 서울이 아닌 곳에서 자란 것은 행운이었다. 가끔 '어릴 적 집 찾아가기 여행'을 하기도 한다. 그곳에 마음의 뿌리가 심어져 있기 때문이다. 시인 황학주가 표현한 '서울에 가기 전의 서울'만큼이나 '고향에 가기 전의 고향'은 직접 대면했을 때보다 더 아름답게 기억되곤 한다. 그래서 사연 있는 곳을 찾아가는 연고지 여행은 사이가 안 좋은 친척을 길에서 우연히 마주치지 않는다면 특별하고 아름다운 길 찾기가 된다. 조건들이 있다. 현재 서울과 같은 대도시에 살고 있으며 유

사람을 밖으로 불러내는 가을, 아이들이 달린다.

년기를 보낸 곳도 그 근처라면 여행이라기보다는 배회에 가까운 방문이 되고, 채 몇 시간이 되기 전에 끝나 버린다. 다행히 시골이 고향이라 해도 동행과 함께할 때엔 신중해야 한다. 우선 남의 어릴 적 동네를 걸으며 함께 감회에 젖어 줄 정도로 이상한, 혹은 범상치 않은 사람을 만나기란 쉬운 일이 아니다. 전국 방방곡곡에서 만나게 되는 마포숯불갈비와 왕십리곱창 간판 정도는 너그러이 이해할 수 있어야 한다. 만약 그런 동행을 구한다면 거의 성공한 셈이다.

그러나 막상 도착해 보니 굳이 멀리까지 올 필요 없이 늘 보고 지내는, 별다를 것 없는 풍광뿐이라면 은근히 실망하면서 쉬이 지루해할 것이다. 그러면 걸음이 이상하게 느려지거나, 아니면 다음 예정지를 채근하며 빨라질지도 모른다. 그러니 최소한 시원한 시야를 보장하는 너른 들판과 아름다운 산, 아니면 시간이 정지한 듯 아기자기하고 이국적인 골목과 작은 읍 소재지의 정경 정도는 있어야 한다. 여기에 바다까지 있으면 더 이상 바랄 게 없다. 나의 고향이 바로 그런 곳이다. 그리고 누군가에게 인천이 그런 곳이다. 오래된 길과 건물들, 역사를 지닌 채 공원이 된 산, 시간이 정지한 듯 아기자기하고 이국적인 골목을 품고 있다. 여행 경비에는 지금은 사라진 옛집의 집터 수색하기, 자전거 타다가 넘어졌던 자리 발견하기의 비용이 포함돼 있다. 그 골목에서 피어난 노래를 찾는 시간이 포함돼 있다.

명절 때마다 어머니께서 풀어놓으시는 고생담의 배경이 되는 집이 있다. 사철나무 울타리 안에 동물 모양의 돌들이 놓인 마당이 있던 집터는 지금 풀숲이 됐다. 그렇게 자연의 일부로 돌아갔다. 황매화와 탱

자나무로 된 담이 있고, 물을 뿌리고 빗질을 해야 했지만 비가 오는 날이면 작은 개울이 만들어지던 마당이 있고, 겨울에는 담요나 짚으로 보온 시설을 해 줬던 개집이 있고, 어머니께서 장독대에서 수정과를 담아 오시던 뒤뜰이 있던 또 다른 집은 시멘트 주차장이 됐다. 하지만 장날에 어머니께서 고무대야에 강아지들을 담아 이고 가시던 길, 낮은 벼랑빡(담벼락)과 원색의 빛깔들로 칠해진 집들이 있어 마치 이란에 있는 테헤란의 풍경 같은 골목은 그대로였다. 한쪽 외벽이 가끔 노천 극장이 돼 줬던 학교도 그대로였다. 기억은 공간에 스며 있다.

모두가 주인공입니다

오랫동안 미국의 맨해튼을 상징했고, 영화 속에서 킹콩이라는 거대한 고릴라가 올라타기도 했던 엠파이어스테이트 빌딩은 1931년에 완공됐다. 80년 전의 일이다. 근대 유적만이 아니라 현대의 건축도 역사가 된다. 인천 출신의 건축 비평가 전진삼은 한국 1세대 현대 건축가 나상진(1924~1973)에 대하여 글을 썼는데, 그의 현대 건축이 인천에 남아 있다. 제일은행 인천 지점(SC제일은행 인천 지점)이 그것이다. 송월동의 오래된 건물들에 절로 만들어진 화단 역시 건축의 일부가 됐다. "그러니까 애관극장 근처에……"로 기억하는 장소들과 그 옆 좁은 골목도 역사의 일부가 되었다. 사람의 삶 역시 하나의 건축일 것이다.

어느 신문에 박장손이란 노인의 사연이 소개됐다. 그는 1930년에 황

사람들은 기억한다. '그러니까 애관극장 근처에……'

해도 옹진군 붕구면 오근리에서 태어났다. 1949년에 국군에 입대하여
지리산 공비 토벌에 참여했고, 1950년 한국전쟁 발발 초기에 춘천에
서 부상을 입었다. 함병선 2사단장과 정일권 미 9군단 부군단장을 운
전병으로 수행했다. 이승만 대통령의 비서실장 운전기사로 일하다가
4·19로 실직했다. 그리고 베트남전쟁 때에 한진상사 운전 기술자로
월남에 가서 일했고, 노후에 연평도로 이주해 생활하고 있다. 윤대영

의 책『마주보는 두 역사 인천과 하이퐁』(2010)이 인용한 〈북녘 고향 땅 그리워 연평도로 홀로 이사 온 박장손 옹〉(2000)이란 신문 기사의 내용이다. 실로 한국 현대사의 압축판이다.

소래에는 더 깊은 역사가 있다. 조선시대의 대학자인 성호 이익은 안산에 살았다. 윤동진은 성호 이익의 수제자인 윤동규의 작은아우이자 그 역시 제자였다. 발명가이자 천문학자 같은 과학자의 면모를 지녔다는 윤동진이 32세에 요절했을 때 이익이 소래에 있는 집까지 찾아와 곡을 했다고 한다.(허경진,「소남 윤동규와 인천의 성호학파」) 찾으면 찾을수록 이야기는 꼬리를 물어 간다. 음악에 관해서도 마찬가지다. 그런 음악인들이 많다. 그들은 옛 기억에서 오늘의 노래를 길어 오고 있다.

많은 이들이 역전 근처 철길가의 유채꽃과 학교 교정의 샐비어 꽃술을 먹던 유년을 가지고 있다. 계절마다 향기는 사람을 차별하지 않고 공평하게 퍼졌다.『이지상, 사람을 노래하다』에 적혀 있듯이 "먹을 것이 참 없던 때이기도 했지만 또 지천으로 먹을 것이 널렸던 때"를 살았다. 일가족이 연탄가스 때문에 사망했다는 뉴스가 심심찮게 나오던 시절을 살았다. 그래도 어느 TV 기행 프로그램에서 "조금씩 부족하지만 풍족한 곳"이라 소개한 쿠바 같은 나라가 이 땅에 있었다. 그렇게 살아온 사람 모두가 영화와 소설의 주인공이다. 해넘이를 볼 때까지 그런 곳을 쏘다니고 그런 노래를 찾아가는 것은 그만한 가치가 있는 수고이다. 가끔은 (마음의)교실에 커튼을 치지 말았으면 한다. 밤에 달빛이 빈 교실을 비출 수 있도록.

그때가 그렇게 반짝였는지 그 시절 햇살이 눈부셨는지

강 한가운데 부서지던 빛 도시의 머리에 걸린 해

달리는 자전거 시원한 바람 이제 알아요 그렇게 눈부신

인생의 가장 아름다웠던 한때가 사라집니다

— '화양연화', 시와

옛 노래를
간직한 사람,
새 음악을
찾는 사람

논이 노랗게 변하고 있다. 초록빛과 뒤섞였던 노랑이 점점 더 넓게, 그리고 더 강하게 번져 간다. 허리가 부러질 듯 잔뜩 이삭을 맺은 벼가 늦은 오후 햇살에 출렁인다. 도시를 조금만 벗어나도 이런 풍경을 만날 수 있다. 가을은 사람의 걸음을 자꾸만 밖으로 불러내려는 모양이다. 그렇게 찾아간 작은 포구는 외지인들로 분주했던 여름 한철을 보내고 나름의 방식으로 열매를 거둬들이고 있었다. 그렇게 한적함을 내밀고 있었다.

느림에는 전염성이 있다. 놀라울 정도로 천천히 자전거 페달을 밟으며 지나는 두 노인을 보았다. 느린 자전거 바퀴에 사로잡혀 걸음도 느려지고 눈동자도 느려지며 숨까지 느려지는 것 같았다. 속도와 경쟁, 세상에 그런 단어가 있었나 싶어졌다. 따지고 보면 바삐 움직이는 사람이야말로 게으른 사람 아닌가. 부지런한 사람이 그렇게 바삐 걸을 이유가 있는지 의문이 들었다. 멀리 가지 않아도 서해의 해넘이 빛을 받고 나이 들어 온 송월동에 그런 풍경이 있다. 저마다 담 아래에 화분을 내놓고 키우는 오래된 가옥들이 유난히 많은 동네이다.

그는 옛 노래를 간직한다

음악에 관한 물건들을 차곡차곡 쌓아 온 이들이 있다. 오랫동안, 그리고 느리게 나름의 화분을 담 아래에 키우고 있는 것이다. 태어난 곳보다 인천에서 훨씬 긴 삶을 이어 온 김점도(1935년생) 선생도 그런 사람이다. 군악대에서 악기를 연주했고, 그 또래의 많은 연주인들처럼 미군을 위한 무대에서 활동했다. 그러면서 1970년대부터 인천을 또 다른 고향으로 삼았고, 인천에 대한 노래도 여럿 작곡했다. '내 고향 인천항', '월미도를 아시나요', '인천 아이들', '인천국제공항', '인천 찬가' 등이다.

오래된 것에는 새로운 것이 아직 지니지 못한 가치가 있다. 음악 자료를 국가가 정책 차원에서 체계적으로 수집하고 정리하는 작업은 이제 막 시작되는 단계이다. 그렇지 않았던 긴 시간 동안은 사명감을 지닌 개인들이 그 역할을 대신해야만 했다. 김점도 선생은 각종 가요 음반과 자료들을 수집해 왔다. 그리고 1998년, 인천에 한국가요사박물관을 차리면서 세인의 주목을 받았다. 오로지 한 사람이 맺은 열매였고, 미래의 씨앗이었다. 비록 지금은 그동안 거둬들인 이삭들을 다른 곳에 옮겨 두긴 했으나, 지금도 인천에서 실버그린악단을 이끌면서 나름의 방식으로 제2의 고향에 음악 소리가 울리도록 노력하고 있다.

생각해 보면 한국인은 새로운 물건을 유별나게 좋아한다. 독일에서 공부하다가 돌아온 지인이 지하철에서 거의 모든 사람들이 무선호출기를 가지고 있는 모습을 보고 놀랐던 것이 1990년대이다. 그런데 지금은 모두가 휴대전화를 들고 다닌다. 그것은 마치 무기처럼 되었다. 휴대전화가 없으면 무기 없이 전장에 버려진 병사처럼 불안해한다. 심지어 과기능 휴대전화도 많아졌다. 덕분에 24시간 내내 일과 직장에 연결된 채 살아야 한다. 24시간 내내 놀 거리를 찾아야 하는 이도 있겠지만 말이다. 필수적이지 않은데 필수적이라고 생각하게 만드는 것들이 이 사회에는 참 많다.

젊은이는 새로운 소리를 찾는다

반면, 누군가에게 새롭지만 쓸모없어 보이는 것을 새로운 음악의 도구로 되살리는 이들이 있다. 마치 소음과 같은 소리를 통하여 실험적이고 학구적이기까지 한 음악으로 만들어 낸 것을 노이즈 음악(Noise Music)이라 한다. 처음에는 이상한 물건을 가지고 놀다보니 시끄럽고 괴상한 소리가 생겨났고, 이웃들은 그 소리에 괴로워했다. 하지만 놀랍게도 점점 많은 이들이 그 소음에 빠져들게 된다.

젊은 음악가 박다함은 1986년에 인천 구월동에서 태어났다. '락캠프'에서 공연을 보기도 했던 그는 현재 노이즈 뮤지션으로, 그리고 공연기획자로 활발하게 활동하고 있으며 여전히 연수구 선학동에서 살고 있다. '박다함'은 외국인 친구가 붙여 준 예명으로, 본명은 박승준이다. 박다함에서 '다함'은 '다하다'의 뜻이라고 한다.

2005년부터 한국에 실험음악과 즉흥음악을 전파해 온 집단인 '불가사리(Bulgasari)'와 '릴레이(Relay)'에서 활동한 이 청년은 '플리커 비긴스(The Flicker Begins)'라는 프로젝트에서 실험음악을 시도하다가 자신에게 영감을 준 한국의 아티스트들인 '아스트로노이즈(Astronoise)'의 최준용·홍철기 등과 함께 '불길한 저음'을 만들어 괴상한 음악을 전파하게 된다.

또한 그는 서울을 중심으로 활동하면서도 지역 음악에 대하여 계속 고민하고 있었다. '불길한 저음'과 함께 동인천의 대안공간 '스페이스 빔'을 매개로 인천에서 공연을 펼치기도 한다. '인천 배다리 문화축전'이라는 이름으로 도시의 골목을 뒤흔들어 놓은 적도 있다. 또한 독립 다큐멘터리 '뉴타운 컬쳐 파티'의 조연출로 영화 제작에도 참여하

'불길한 저음'의 2009년 배다리 공연

고 있다. 재개발의 문제와 독립음악인들의 상황 그리고 그 둘의 연대와 문제의 공유를 기록한 영화이다. 도시와 음악의 밝은 면만을 보고 사는 것은 불행하게도 낮뿐인 하루를 사는 셈이다. 혼자 차려 먹는 밥상과 누군가 차려 주는 밥상의 온기는 다르다. 이 사회에는 서로에게 밥상을 차려 주는 사람이 더 많아져야 한다.

가을과 노을은 또 하나의 시작

너무나 많은 사람들이 쓸모 때문에 쓸모없어진다. "젊어 고생은 사서도 한다"는 말이 있지만 요즘은 정말 사서 할 수밖에 없는 현실이다. 하지만 사람은 자신 그대로를 사랑하고 반성하고 미워하고 실망하며 살아갈 줄 알고, 그것을 받아들일 때 아마도 쓸모가 있을 것이다. 도시도 마찬가지다. 삶이 있는 곳이 삶터이고, 삶터에서 새로운 삶이 피어난다. 음악 역시 그러하다. 오로지 잘 팔리고 경쟁력이 있는 것만을 살려 두려는 시대에 각자의 방식으로 옛 음악을 간직하고 새 음악을 실험하는 이들이 있어 줘야 한다. 이 도시에 바로 그러한 사람들이 있다.

아무나 할 수 없는 일일까. 세상은 음악인과 예술가에 모종의 천재상을 덧씌워 놓았다. 하지만 베토벤의 교향곡 '합창'의 친필 악보는 고친 흔적들로 그득하다. 또, 일찍 시작해야만 할 수 있을까. 예수님과 알렉산더는 서른셋이라는 짧은 생애 동안 많은 것을 이뤘다. 서른여섯 생일 전에 생을 마감한 모차르트를 모르는 사람은 없다. 대중음악의 역사를 새로 쓴 지미 헨드릭스와 짐 모리슨 그리고 재니스 조플린, 또한 커트 코베인도 서른을 넘기지 못했다. 어떤 이들에게 '영원한 아저씨'가 된 김광석은 채 32년을 살지 못했다. 하지만 다른 사례들이 더 많다. 고흐는 앞서 말한 음악인들이 죽은 나이인 27세에 그림을 그리기 시작했고, 소포클레스는 75세에 『오이디푸스 왕』을 썼으며, 괴테는 81세에야 『파우스트』를 완성했다. 엥그르가 '터키탕'을 그린 건 82세 때이다. 세잔과 하이든도 모두 노년에 명작을 남겼다. 빠른 성공보다 잘 늙어 가기가 더 중요하다. 도시 곳곳에 그렇게 새로운 가능성을 가지고 있는 이들이 있을 것이다.

하늘이 아름다운 계절, 만약 가을에 다른 이름이 붙여졌다면 아마도 그것은 노을이었을 것이다. 아름다운 가을과 노을은 또 다른 세계의 시작이다.

가을과 노을은 또 다른 세계의 시작이다.

새롭게
부는
바람을
보다

하늘이 좋은 계절이다. 도시에서 벗어나 사는 사람에게는 밤하늘의 별들을 보기에도 좋은 때다. 어릴 적에 은하수를 올려다보며 우주전함 선장의 꿈을 품었던 나 같은 사람에겐 더욱 그렇다. 20세기가 21세기로 바뀌는 동안 놀라울 정도로 기술이 발달했다. 그러나 더욱 놀라운 사실은, 21세기가 되고도 한참이 지났지만 만화영화처럼 많은 승무원들을 태우고 밤하늘을 날아가는 근사하고 거대한 우주전함 따위는 보이지 않는다는 것이다. 생각해 보면, 그런 우주선을 만들 수 있는 시대라면 그토록 많은 '인간' 승무원도 필요 없을 것 같기도 하다.

더듬더듬하면서 길을 찾아가고 있어요

잠시 거처를 서울로 옮긴 노이즈 음악가 박다함을

만났다. 대중에게는 첨단의 음악을 하고 있는 그를 인디음악인들의 주 활동 무대인 홍대 앞을 찾아가 만났다. 그런데 이 청년은 유년 시절에 아버지의 손을 잡고 인천야구장을 찾았던 기억을 꺼내 놓았다. 무의식 속에 뿌리내리고 있는 인천의 옛 공기가 지금의 자신에게 소중한 것 같다고 말했다. 그러면서 동인천역에서 자유공원 쪽으로 올라가는 길 에 숨어 있는 골목들을 탐방하던 때를 풀어 놓았다. 언뜻 보기에 새로 운 기기와 복잡한 기술을 통하여 어려운 음악을 창조하고 있는 박다함 역시 자신의 음악을 키우는 흙이 있는 곳을 기억하고 있었다.

노이즈 음악가들과 밴드 음악인들의 소통을 도모한 '네버 라이트 (Never Right)'와 지역 음악인들을 엮어 놓은 '인천 아웃천(In천 Out 천)'과 같은 공연을 기획했던 그에게 유독 특별했던 장면이 있었느냐

인천 출신의 노이즈 음악가 박다함(오른쪽)

고 물었다. 앞서 언급한 바 있는 '인천 배다리 문화축전'이 그의 입에서 다시 전해졌다.

"그때 배다리시장의 상인 분들께서 여러모로 힘들어하던 때였습니다. 그분들에게 저희 음악은 생소하고 이상한 음악이었을 겁니다. 그런데 공연을 하다 보니 나이 드신 어르신들이 나와서 춤을 추고 드럼의 심벌을 치면서 함께 즐기셨습니다. 그런 장면이 무척 신기했어요. 지금도 지방의 여러 도시들을 돌아다니면서 그런 공연을 하고 있습니다."

노이즈 음악처럼 신세대의 산물을 좋아하는 사람은 전체로 보자면 희박하다. 없다는 것이 아니라 엄연히 존재한다는 말이다. 하지만 소수가 인디음악, 또 그중에서도 소수가 노이즈 음악을 즐겼고, 그보다 훨씬 소수만이 직접 그러한 음악을 할 수 있었다. 어느 날, 시끄러운 소음을 발생시키는 젊은이들이 배다리시장에 나타났다. 상권마다 연령대가 다르기 마련이다. 인천의 각 지역도 상권에 따라 연령대가 다르고 문화도 다르다. 그런데 바로 그날, 시장의 어머니들이 같이 즐거워했다. 국적의 장벽보다 더 높은 것이 세대의 장벽이다. 하지만 오히려 난해하게 들리는 음악이 사람들의 원초성을 건드렸고, 세대의 높은 장벽을 뛰어넘은 것이다. 대중음악의 역사는 100년이나 되었지만 아직 우리는 음악을 배우는 중이다.

인천 출신의 음악인들 중에는 자신의 고향에 애착을 가지고 있는 이들이 유난히 많다. 왜 그럴까. 채 서른이 넘지 않았음에도 박다함이라는 청년 역시 동의했다. 버스를 타고 주안역까지 가서 전철로 갈아타고는 몇 시간이나 걸리는 곳인 서울을 찾아 음악 공연을 접했고, 또 최근까지 그렇게 활동해 온 그는 여전히 무언가 다른 길을 찾고자 했다. 다른 방향의 길을 찾아내고자 했다. 많은 사람들이 쉽게 이해하기 힘든 음악을 하면서, 그리고 좋은 음악을 발굴해 대중에게 소개하는 기획자로 활동하면서, 또한 지역을 찾아 그곳의 사람들과 소통하는 장면을 만들어 내기 위해 노력하면서 말이다.

"더듬더듬하면서 길을 찾아가고 있어요."

삶의 공간이 바로 무대이다

사찰 마당에 서는 것은 잘 끓인 차 앞에 차분히 앉는 것과 같다. 원래 건축물 자체가 마음가짐에 영향을 준다. 성당도 마찬가지다. 조각물과 스테인드글라스에 둘러싸이면 누구든 오래전부터 보관해 온 경건함이 마음의 함을 열고 천천히 나오는 기분을 느낄 수 있다. 답동성당을 찾았을 때도 그러했다. 특정 종교에 대한 신앙이 아니라 그러한 신앙을 만든 근원에 관계된 이야기다. 그래서 손과 책상은 먹물로 엉망이 돼도 마음을 가다듬는 서예 시간이 필요하다.

고풍스러운 공간에서만 이러한 경험을 할 수 있는 것이 아니다. 시장에 가면 더 넓고 더욱 깊은 생기를 만나게 된다. 운동회를 하는 날도 아닌데 만국기가 휘날리는 신포시장에 가면, 그리고 모습은 많이 바뀌었지만 유서 깊은 배다리시장에 서면 남다른 사연을 간직한 생기, 즉 삶의 기운을 느끼게 된다. 무대와 객석으로 이뤄지지 않았어도 삶이 만들어지는 시장 같은 공간이 진정한 공연장이며, 음악이 태어나는 스튜디오이다. 바로 그곳을 찾아가는 음악인들이 있는 것이다.

근래에 사진 찍기가 유행하는 것은 사람들의 마음속에 숨어 있는 창작 욕망의 발현이다. 배우지 않았기에, 사진 작품을 찍는 게 아니라 느낌을 옮길 뿐일 수 있다. 때로는 아무리 좋은 기기로 멋지게 찍어도 담을 수 없는, 그래서 그림이 아니면 전할 수 없는 그런 장면들이 더 많기도 하다. 그럼에도 사진기의 보급은 많은 사람들에게 새로운 가능성을 선물했다.

하지만 최신의 기기와 고도의 기술이 없어도 순간을 포착하는 것만으로 충분히 근사한 사진이 만들어지는 시대이기도 하다. 음악도 마찬가지라고 단언한다. 어려워지고 복잡해지는 만큼 사람의 마음을 건드리는 음악은 더 많아지고 있으며, 누구나 노래의 주인공이 될 수 있다. 자신이 발을 딛고 서서 물건을 팔고, 또한 채소를 사는 그 장소가 바로 무대이자 공연장이다.

현재의 노래가 되는 기억

"봉고차 뒤에 앉아서 왔다 갔다 했지." 부천에서 자랐고, '이상의 날개'의 드럼 연주자로 활동하는 김동원은 인천이 헤비메탈의 도시였던 시절을 떠올렸다. 지금은 옛 기억을 아련한 선율에 담아 차분하게 표현하고 있는 밴드에서 활동하지만, 그도 한때는 머리를 길게 기른 로커였다. 당시에 연습을 위해 찾기도 하고, 선배·친구들과 함께 음악의 꿈을 키우던 곳이 인천이었다. 여전히 음악의 실마

바다함은 인천과 홍대 앞을 오가면서
다양한 음악을 시도하고 있다(홍대 앞 클럽 '빵' 앞에서)

리를 찾던 곳으로 인천을 기억한다.

적지 않은 이들에게 한 도시의 역사는 지금도 살아서 숨을 내쉬고 있다. 멜버른 대학의 미디어 학자인 션 큐빗(Sean Cubitt)이 재치에 함의를 더해 표현한 "타자기를 앞에 둔 텔레비전"처럼 생긴 물건을 사무실(오피스) 책상(데스크) 위에 올려놓고 생활하는 시대다. 다시 그의 표현을 가져오면 폴더와 파일과 휴지통을 가진 사무실 책상을, 사무실 책상 위에 올려놓고 생활한다. 하지만 이러한 시대에도 '금방 넘겨졌지만 훗날 다시 펼쳐 보게 될 페이지'가 사람들의 마음속에서 써지고 있다.

음악은 개인의 산물이다. 개인은 사회적인 인간이다. 그러므로 음악은 사회의 산물이다. 여기 '사회'가 들어간 자리에 '공간' 혹은 '도시'를 넣어 다시 읽어 보자. 앞서 죽은 이들은 이 글을 영원히 읽지 못할 테지만, 그들 중 적잖은 사람들이 이러한 사실을 이미 알고 있었다. 🖺

동네와
골목에
스민
노래

오후 3시였다. 약속 장소는 인천역. '플라스틱 피플'의 노래인 '오후 3시'의 뮤직비디오가 시작하는 곳도 인천역이다. 영상 속에서 밴드의 구성원들은 차이나타운과 중구 일대의 골목을 거닐고, 자유공원으로 올라가는 길에 있는 야구 연습장에서 배트를 들고, 홍여문(홍예문)에서 서로를 바라본다. 오후 3시에 인천역에서 '플라스틱 피플'의 리더인 김민규와 인사를 나눴다. 그리고 수도국산으로 향했다. 한때 번성했던 송현시장을 가로질러 비탈길을 올랐다. '수도국산 달동네박물관'의 허리를 껴안고 지나는 도로의 한 부분을 가리키며 아마 저기쯤이 옛집이 있던 자리일 거라고 말했다. 그는 충남 한산에서 인천으로 옮겨와 수도국산에 둥지를 튼 가족과 함께 이곳에서 자랐다. 수도국산이 고향인 것이다. 그의 어머니는 아직 근처에 남아 살고 있는 동네 사람들과 지금도 왕래 중이라고 했다.

가끔 옛 동네들을 순례하듯이 찾곤 한다. 어깨 폭의 좁은 골목이 시

수도국산 달동네박물관을 찾은 김민규. 그는 인천에 관한 노래들을 여럿 발표한 음악인이다.

간이 멈춘 듯 그대로인 장면을 봤을 때, 학교로 가기 위해 멀리 돌아가야 했던 벽이 문이 된 모습을 봤을 때에 감동했다. 비록 지금은 다른 가족의 쉼터가 됐지만 예전 그대로 남아 있어 준 작은 집에는 고마움을 품었다. 그래서 가족이 살던 집이 도로에게 자리를 내주었다는 김민규의 이야기를 듣다 보니 조금 섭섭하지 않을까 싶었다. 하지만 '수도국산 달동네박물관'에 들어서자 안타까움은 부러움으로 바뀌었다.

인디음악가이자 음악회사 대표가 된 달동네 아이

"친구가 이 집 아들이었어요. 이사를 가기 직전까지 바로 이 집에서 이발을 했죠. 주인아저씨가 저를 무척 귀여워해 주셨어요. 지금은 강화도에 사시나……."

커다란 배 모양의 박물관으로 들어서자 솜틀집과 연탄 가게 그리고 이발소가 늘어서 있다. 그 앞에 선 그가 옛날 그 동네로 돌아간 듯이 말했다. 동네에 있던 가게들이 당시 주민이라면 대번에 알아볼 수 있도록 재현되어 있었던 것이다. 빨랫줄에 걸린 굴비들, 오래된 달력, 김일의 프로레슬링 경기를 흑백텔레비전으로 보는 가족이 곳곳에 숨어 있었다. 개발에 밀려 사라진 동네의 자취가 역사와 문화로 대접받아 복원되고, 그 덕에 기억을 꺼내 올 수 있는 구멍이 남겨졌으니 보상을 받은 셈이고, 그래서 부러웠다.

이미 소개했듯이 김민규는 인천의 기억이 담긴 노래를 여럿 발표한 음악인이고, 참신한 개성을 지닌 밴드와 뮤지션을 부지런히 소개하는 레이블(음악회사)의 대표이다. 또한 한국독립음악제작자협회의 초대 회장을 맡고 있다. 그 자신이 몸담고 있는 플라스틱 피플의 네 번째 음반이자 두 번째 정규작인 'Folk, Ya!'(2006)에 '수도국산'과 '차이나타운' 그리고 '달이 그리는 마을'이 담겨 있다. 음반을 꺼내 손으로 펼쳐

보면 옹기종기 그려진 솜틀집, 이발소, 차이나타운이 보인다. 박물관이 모형과 소품과 증언을 모아 재현물을 간직한다면, 그는 노래를 세상의 공기 속으로 날려 보내고 있다.

한국의 대중음악은 2000년대 이후에도 좋은 노랫말을 많이 만들어 내고 있다. 강산에의 음반인 '강영걸'(2002)에 실린 '와 그라노'처럼 한국의 사투리와 중남미 언어의 유사성을 교묘히 발견해 낸 재치가 있는 곡이 있고, 손현숙의 '그대였군요'(2003)에 담긴 '소래포구'처럼 공간성과 서민성에서 아름다운 노래를 길어 온 사례도 있다. 플라스틱 피플의 'Snap'(2009)에 실린 '흑백사진' 또한 공감각적 표현과 메시지가 정점에서 만난, 인디음악 동네의 숨겨진 명곡이다. '숯 공장 마을'과 '검정 시냇물'이 펼쳐 내는 흑백의 아름다운 영상, "겨울이 오는 소리 …… 구름이 되어"가 흐르는 순간, 그림이 소리가 되고 소리가 다시 그림이 되는 순간이 있다. 이 노랫말과 선율, 감정을 움직이는 코드와 사운드의 전환이 맞물리며 눈 맑은 풍경이 펼쳐진다. 비 오는 날, 처마에서 물방울들이 뛰어내리며 마당에 파 놓곤 했던 홈은 옛 지붕을 걷어 내면서 함께 사라졌다. 많은 것들이 잊히고 있다. 짧은 가사를 아무리 훑어봐도 '사라지는 것들을 사랑하라'는 말은 찾을 수 없다. 하지만 이젠 사진으로만 남겨진 것들에 대한 애틋함이 피어난다. 이러한 정서의 뿌리가 어쩌면 여기에 닿아 있는지 모른다.

어른이 돼 한여름에 낮잠을 자기도 하고 매미를 잡기도 하던 나무들에게 인사하고, 저녁마다 무덤가에서 서해의 노을을 바라보았던 고향 뒷산 중턱에 앉아 신을 벗고 하늘색 바다를 바라보았다. 작고 노란 나비들이 나타나 새로 생긴 산소 주위에서 노닐며 시야를 어지럽혔다. 그 무덤들은 내가 떠나 있는 동안 죽은 사람들을 위한 것이었다. 평화로운 장면이었고, 침묵의 소리가 들려왔다. 이 수도국산에도 어떤 소리가 남아 있다. 맑은 하늘과 탁 트인 시야를 선물받을 수 있는 곳에서 저 아래, 아니 어쩌면 저 높은 세상을 바라보던 이들이 지금 돌아와 다시 이 자리에 선다면 어떤 소리를 듣게 될까.

공간이 콘텐츠를 안고 있을 때 가능성이 커집니다

내려오는 길에 농구 선수로 유명해졌고 농구 해설가로도 활동한 유영주가 이 동네에서 자랐다는 이야기를 들었다. 그녀가

수봉공원 정상의 비둘기 아파트

성공하자 동네 어머니들이 남자아이들에게 너희는 뭐하고 있느냐고 핀잔을 주었다며 웃음을 터뜨렸다. 자리를 옮겨 수봉공원을 산책하면서 전과 달리 특정한 장소에 대한 노래가 점점 줄어드는 이유와 지역 음악의 가능성 그리고 인천의 특수한 정서에 대하여 의견을 나눴다. 옛 인천야구장 터를 지날 즈음엔 '삼미 슈퍼스타즈'와 인천을 배경으로 도시 곳곳을 보여 줬던 영화 '슈퍼스타 감사용'에 관한 이야기도 꺼내 봤다. 김민규는 1998년에 '현대 유니콘스'가 인천 연고팀으로 첫 우승을 했을 때 야구장 주변의 포장마차들이 술을 공짜로 풀었던 날의 기억으로 답했다.

중앙동의 중국 음식집에 자리를 잡았다. 김민규는 토박이답게 그 집의 사연을 풀어 놓았다. 이 집 주인이 돈을 벌어 빌딩을 샀다거나, 어떤 극장의 사장이 안타깝게 생을 마감했다거나 하는 사연 말이다. 그런데 둘러보니 2005년에 갔던 곳이다. 얼마 전에 동반자와 함께 식사를 했던 식당이 바로 옆에 있었다. 같은 공간에 여러 시간대가 겹쳐졌다. 문득 읍내의 버스 터미널 근처에 있는 중국집에서 몇백 원짜리 자장면을 먹던 때가 생각났다. 어릴 적엔 자장면 대신 우동이나 짬뽕을 드시는 아버지를 이해할 수 없었다. 밖에는 '곤로'를 가져다 놓고 라면을 끓여 파는 할머니가 계셨다.

그런 기억들이 공간 안에 공존하는 도시들이 있다. 빌딩과 아스팔트 안에 덩그러니 '조성'된 고궁과 고성이 아니라 사람들이 실제로 생활했고 지금도 이용하고 있는 여관과 상점 그리고 산업 시설이 남아 있는 유럽의 도시들은 부러움의 대상이다. 느티나무는 어느 날 전기톱에

여러분 기억 속의 고향은 어떠합니까.

베어지기 위해 백 년 넘게 같은 자리를 지키고 서 있었던 것이 아니며, 작은 집의 지붕은 굴삭기의 힘이 얼마나 센지 보여 주려고 수십 년 동안 그곳에 있었던 것이 아니다. 그들을 곳곳에 남겨 둔 인천에는 '시간의 중첩'이 있고, 남다른 가능성이 있다.

특히 공간이라는 하드웨어와 음악이라는 소프트웨어가 함께 있다. 긴 음악의 역사를 가지고 많은 인재를 배출했으며, '잘 알려지지 않은' 훌륭한 음악인들과 연을 맺고 있다. 김민규 역시 이 가능성에 주목한다. 관동과 중앙동 일대는 상인들과 자치단체 그리고 문화 정책을 추진하는 기관의 합의 여하에 따라 더 큰 '득'을 찾을 수 있다고 말했다. 창작 공간을 지원하는 레지던시 프로그램도 고민해 볼 만하다고 조언했다. 서울문화재단이 운영하는 창작 공간만 해도 9곳에 달할 정도로 서울에는 이러한 프로그램이 활성화돼 있고, 인천의 아트플랫폼도 좋은 사례로 꼽힌다. 대부분 시각예술 위주지만, 공간은 음악에도 절실한 문제가 되어 가고 있다. 갈수록 임대료가 상승하고 지나치게 상업화돼 버린 '홍대' 지역은 더 이상 음악과 예술의 동네가 아니다. 그래서 많은 이들이 떠나야 했고, 대안을 찾고 있는 실정이다.

"공간이 콘텐츠를 안고 있을 때 가능성이 커지거든요. 여기엔 콘텐츠가 많아요."

또 다른 내 고향집은 터만 남아 버렸다. 그런데 어머니와 이모가 채소를 다듬던 마당에 피어 있던 황매화가 그때 그 자리를 지키고 있는 모습을 본 순간, 옛집과 옛 가족의 모습이 눈앞에 되살아났다. 🖉

도시와
노래는
어떻게
닮아 가는가

경인선이 개통한 이래, 도시는 더 큰 소음으로 출렁이기 시작했다. 건물과 길, 거의 모든 것이 직선이 됐다. 섬으로 벗어나서 만나는 평화는 평소에 얼마나 많은 소음과 직선에 둘러싸여 있었는지를 알려 준다. 또한 얼마나 새로운 기계에 팔과 다리를 연결한 채 사는지 말해 준다. 집집마다 TV를 중심으로 가구의 배치가 이뤄지는 시대에 테크놀로지의 발달은 얼마 전까지만 해도 최신이었던 프로그램과 기기를 순식간에 느릿느릿한 코끼리로 만들어 놓는다. 지금 어느 수준에 도달했다고 흥분하든지 곧 시대에 뒤처진 리포트가 될 운명이다. 좋은 쪽이든 나쁜 쪽이든 변화했다는 것은, 그리고 변화하리라는 것은 사실이다.

"LP를 턴테이블에 걸면……"으로 시작되던 곡 소개가 "CD를 넣고 플레이 버튼을 누르면……"으로 바뀌던 때가 있었다. 소니가 1982년에 CDP를 개발하고부터 음반에는 'CD를 올바로 꺼내는 법'을 친절한 그림과 함께 설명해 주는 종이가 삽입되었다. 이마저도 옛이야기가 되고 대량 복제를 통하여 모두가 원본이 될 수 있는 대신, 원본의 가치는 그만큼 없어졌다. 이처럼 '오병이어'의 기적 속에 살고 있다.

그런데 흥미롭게도 기술의 발전이 더 거창한 무언가로만 향하진 않는다. 한때 극장의 스크린과 음향을 집에 가져다 놓듯이 꾸미는 홈 시어터가 유행했는데 오히려 시간이 갈수록 화면의 크기와 사운드는 별로 중요치 않은 것이 되었다(지하철에서 책 대신 조그만 기계를 들고 드라마에 몰두하는 사람들을 보라). 우리가 원하는 것은 여전히 어떤 '이야기'이다.

추억의 재생과 낯선 몸짓이 교차하는 곳

도시는 옛 공간을 남겨 두는 한편, 새로운 공간을 만들어 낸다. 과거와 미래가 점점 두터이 겹쳐 쌓인다. 한때 떠나온 사람들이 고향을 그리던 곳이 이제는 다른 곳에서 찾을 수 없는 기억을 간직해 주는 공간이 되었다. 그리고 음악은, 오래된 철학자의 이름이 극복돼 유물이 되거나 소멸되지 않고 끊임없이 다시 불려 온다는 점에서, 철학과 닮았다. 대중음악은 사회와 함께 변화한다. 사회는 시간과 공간 그리고 인간으로 이루어진다. 그러므로 대중음악은 그 모두와 관계 맺고 있다. 그래서 도시가 음악을 바꾸고, 음악이 우리를 바꾼다.

2000년대에도 옛 정서와 방식을 유지하는 가요들이 있다. 간석동과 월미도, 자유공원과 숭의동을 노래한 기획 음반 '창작시 노래 한마당 제5집: 오, 인천'(2009)이 그 예다. 인천의 변화는 노래 속의 이별 장소와 풍경도 또한 항구에서 공항으로 옮겨 놓았다. 백산이 부른 '인천공항 길'과 조일호의 '이별의 인천국제공항'처럼 연안부두는 그 자리를 양보했다. 이러한 식의 재배치는 주로 성인 가요에서 두드러진다. 박진석의 '인천 차이나', 박소희의 '영종도 갈매기', 오수현의 '월미도', 문보라의 '인천에 가자'가 이른바 성인 감성에 호소하는 노래들이다.

건전 가요에 가까운 분위기도 있다. 김점도가 작사한 '인천국제공항'은 많은 가수들이 불렀고, 가수 조영남도 '인천국제공항'을 부른 바 있다. 관제성을 띠기도 하는데, 인순이가 부른 '아이 러브 인천(I Love Incheon)'도 언급할 수 있다. 그런데 젊은 세대에게까지 '인천=추억'의 등식이 알려지게 된다. 개그맨 유세윤과 뮤지가 결성한 유브이(UV)가 2010년에 발표한 '인천대공원'은 촌스러움과 유머로 기대 이상의 성원을 이끌어 낸 화제작이다.

밖으로 거대 분산형이고 안으로는 인적·문화적 혼합형 도시인 인천에는 다양성이 있다. 다큐멘터리 '반드시 크게 들을 것'(2010)은 그 단면 하나를 기록한다. 록의 도시에 대한 향수와 현재의 상황이 교차하는 이 영화는, 감독인 백승화가 몸담고 있는 '타바코쥬스'를 비롯하여 '갤럭시 익스프레스' 등의 밴드들이 인천의 작은 클럽을 중심으로 좌충우돌하는 성장기이다. 병원을 찾은 사람들은 자신과 가족에게 가장 중한 일이 의사와 간호사에게는 무수한 일과 중 하나로 처리되는 인상을 받을 때 섭섭해한다. '반드시 크게 들을 것'은 남들이 몰라주는 이야기를 스스로 소중하게 만들려 한 작업이었다.

그 대상이 무엇이든 7할이나 8할 정도가 마음에 들면 나머지를 보듬

남들이 몰라주는 이야기를 스스로 소중하게 만들려 했다. (사진: 인디스토리)

게 된다. 하지만 마음에 드는 부분이 3할이라 해도 중요한 핵심이라면 나머지까지 품을 수 있다. 그 조건을 『중용(中庸)』이 전한 덕목인 포용·신념·공경·분별에 적용시켜 볼 수도 있다. 지금의 조건이 어떠하든, 자신이 다른 이의 음악을 들으며 그랬던 것처럼 자신도 다른 이에게 의미의 고리가 되고 싶어 음악을 하는 이들이 있다.

도시를 넘어 넓은 세계를 품다

사실, 인천은 더 이상 하나의 도시가 아니다. 염전을 일구는 신도·시도·모도와 하늘 가득 별을 품은 굴업도처럼 많은 섬들과 이어졌다. 그런 섬에서 숙박을 하며 룸서비스를 받을 수는 없겠지만 할 일이 없어 낮잠이나 실컷 잘 수 있는 여유는 선물받을 수 있다. 시계이자 달력이고 나침반이었던 북두칠성도 볼 수 있다. 팔뚝만한 조기와 살아 있는 문어를 디지털 카메라로 촬영하려 애쓰지만 않으면 한가로운 곳들이다. 어떤 섬에는 쇼핑센터는 물론이고 아예 차도도 없다.

선인들은 하늘을 둥글게 생각했고, 실제로 시야가 트인 곳의 밤하늘은 둥근 덮개처럼 보인다. 별이 쏟아질 것 같다는 상투적인 표현으로는 부족한 섬들을 돌아다녔다. 우주 속에 있는 듯했는데, 지구가 우주를 여행하는 행성이니 틀린 말은 아니다. 바다 건너의 민가와 어선들의 불빛과 어울려 떠다니는 별빛의 속내는 알 길 없고, 그저 해송에 밧줄을 걸고 해먹을 만들어 잠들고 싶었을 뿐이다. 예배당에서 졸음을 참으며 신이 창조한 아름다운 세계를 상상하니 그런 곳에서 밤하늘을 보며 신에게 감사하는 편이 나을지도 모른다. 도시에서 태어나 밤에도 불 밝은 여행지를 다니느라 은하수를 보지 못하는 사람은 얼마나 불행한가. 북두칠성이 강에 잠겨 물을 퍼 올리는 밤 풍경을 봤던 옛사람의 정취를 아는 이는 얼마나 있을까.

그러나 낮이 되면 인간이 주인이란 오만과 무지를 봐야 했다. 자신이 행복해지려는 마음이 이기심이 되는 장면이었다. 친환경 재생에너지를 얻는다며 산을 깎고 갯벌을 메우고, 골프와 스키처럼 '친환경처럼 보이는' 스포츠를 즐기려 산과 섬을 파헤친다. 그대로 두면 됐을 것을 생태공원을 조성하는 수고를 들이는 시대에, 어느 섬에선 나뭇가지와 억새가 지나는 이에게 팔을 뻗어 자기네 영역이라고 소유권을 주장하고 있었다.

이주와 이별의 노래는 사랑과 추억을 그리게 되었고, 다시 도시의 일상 속으로 퍼져 갔다. 그런데 새로운 기법으로 더 넓은 세계를 품어 내는 노래는 아직 많지 않다. 근래 해외의 대중음악은 소재와 주제가 도시 감성에서 자연으로 이동하는 경향이 강하다. 여기에서도 그런 기대를 품어도 될까. 이 바다에는 매우 넓은 공란이 생겼고, 그것은 가능성의 다른 이름이다.

노래 찾기는 마음의 여행

정말 중요한 노래는 지금껏 써 온 목록에 없을지 모른다. '지면 관계상'이라는 흔한 변명과 함께 종이 너머에 묻어 놓은 이름이 많다. 골목길에 버려진 문짝을 액자 삼아 자라난 풀처럼, 씨앗이 바람을 타고 내려앉을 수만 있는 곳이라면 어디에서든 노래는 자라고 있었다. 몇몇 사람들은 푹 빠져 있었지만 잘 알려지지 않은, 그래서 지금 떠올릴 수 있는 백과사전이라든가 인터넷 검색창엔 자리를 마련해 두지 못한 노래와 이야기가 더 많다. 하지만 그들을 방주의 탑승자 명단에서 제외할 생각은 없다. 여행은 끝나지 않았다.

누군가의 말처럼 우린 간직하기 위해 떠난다. 밑줄은 '떠난다'가 아니라 '간직하다'에 그어져야 한다. 여행은 도피나 일상 탈출과 같은 떠남이 아니라 돌아감이다. 자신이 있었던 자리와 '있을 수도 있었던 자리'를 찾아가고, 지금의 자리에 의미를 선물하는 것이다. 여름 내내 고추가 태풍을 이겨 내며 의지했던 대나무 살이 가을에 국화가 자신을 지팡이 삼아 꽃을 피우도록 돕는 것이다. 🖋

인천과
대중음악의 만남에서
어떠한 가능성을
찾을 것인가

　　　그들의 애착은 특별했다. 공간으로든 정서로든 인천을 '배경'으로 삼은 음악인들은 유난스러울 정도로 이 도시를 특별하게 생각한다. 재화와 물자는 물론이고 문화와 심리의 측면에서도 서울을 향한 집중을 넘어 편중이 심한 한국에서 이러한 태도는 특별하다. 그 연유에 대하여 1년 내내 거리를 걸으며 생각했고, 걸음이 많아질수록 서서히 알아 가고 있었다. 그들 개개인의 기억을 넘어 모두가 공유하는 '공기'가 있었다. 이 공기는 크게 세 개의 조건에서 비롯했고, 다시 세 개의 가능성을 만들어 내고 있었다.

그것은 역사가 되었다

　　　2011년 프로야구의 가을 시즌은 재미있는 장면을 보여 줬다. '연안부두'의 응원을 받는 야구팀이 한국시리즈에 진출하기 위하여 맞붙은 상대들은 각각 '목포의 눈물'과 '부산 갈매기'의 야구팀들이었다. 모두 저마다 사연을 품고 있듯이 인천도 마찬가지다.

근대화 이전부터 '인천 주대 소리'와 '갯가 노래' 등의 전통을 가지고 있었던 이 지역은 최초로 '애국가'의 노랫말이 발표된 곳이기도 하다. 일제강점기에는 이화자와 같은 비극적인 가요 스타의 전설이 써졌고, 엔카와 트로트의 발원지에서 일본 대중음악의 큰 축이 된 고가 마사오가 자기 음악의 뿌리를 다듬은 곳도 인천이다. 한국전쟁 후에는 박경원이 부른 '이별의 인천항'을 비롯하여 '그리운 금강산'처럼 아는 이가 모르는 이보다 훨씬 많은 가곡까지 여기에서 태어났다. 새로운 대중음악의 통로이자 젊은 음악인들이 기량을 닦은 무대인 미군 부대 클럽들이 산재해 있었으며, '키보이스'와 '히화이브', '히식스' 그리고 '애드 휘'와 '데블스', '사랑과 평화'처럼 그룹사운드 시대를 대표하는 스타 밴드들과 깊은 연을 맺었다. 또한 송창식과 구창모를 키웠고, '남자는 배 여자는 항구'와 같은 국민가요도 여기에서 비롯하였다.

지나간 일들만이 아니다. 노동자들이 삶을 꾸리는 공단이 발달하면서 1980년대에는 민중가요가 성장했고, 한편에서 언더그라운드를 대변한 헤비메탈의 중심지로 해외에까지 이름을 알렸다. 그래서 '솔아 솔아 푸르른 솔아'의 가지를 따라가면 그 그루터기에서 인천의 문인을 만나게 되며, 저만치에는 '블랙 신드롬'과 '사하라' 그리고 '제로지' 등 수많은 록의 전설들이 둘러서 있다. 그리고 지금, 인디음악을 일구는 뮤지션들이 곳곳에서 새로운 노래와 참신한 기획으로 새로운 숲을 가꾸려 하고 있다.

이처럼 인천의 대중음악이 적어 온 일기장을 들춰 보면 한국 대중음악이 뻗어 온 뿌리와 줄기와 잎을 보게 된다. 놀랍게도 사실상 한국 대중음악 역사서의 압축판이 되고, 특수성과 보편성을 함께 발견할 수 있다. 더 크게는 시대의 변천에 따른 대중음악의 변화까지 자연스레 읽게 된다. 현대사와 지역문화사가 만나는 것이다. 우리는 이것을 '역사'라 부른다.

그것은 '그곳'에서 비롯하였다

경기도 남양주시 진건읍의 한구석에 선거 때에 쓰였던 간이 무대를 쌓아 둔 곳이 있다. 한때 연사의 열변과 청중의 시선이 쏠렸을 물건들이 부지런했던 생을 마감하고 쓸모없는 것이 되어 후미진 곳에 모여 있다. 각각에 새겨진 글씨와 기호를 보면 정당도 다르고, 충청도에서 온 것부터 강원도를 다녀온 것들까지 뒤섞여 있다. 당선된 사람의 것들과 낙선한 사람의 것들이 한자리에 모여 있는 풍경이 참으로 묘하다.

하지만 인천항과 연안부두, 제물포 동네를 둘러보면 비록 한산해 보여도 전혀 쓸쓸하게 보이지는 않는다. 모두 노래로 불리며 살아 있기 때문이다. 지금은 자리만 남은 '심지'와 새로운 모습으로 생명을 이어 가고 있는 '락캠프'와 같은 공간들은 무수히 많은 추억을 함께 싸 들고 어딘가에 앉아 있다. 서울이 한국의 모든 것을 진공청소기처럼 빨아들이는 통에 전국의 도시들은 상대적 낙후를 공통적으로 경험한다. 그러나 여기에는 또 다른 진전의 가능성이 있다. 덕분에 옛 동네가 살아남을 수 있었고, 기억이 자리할 수 있는 공간이 마련됐다. 다른 가치와 다른 기준이 비집고 들어가 싹을 틔울 수 있었다. 전기가 들어오지 않는 몽골에선 요즘 선진국들이 보급하려 애쓰는 태양열 제품이 일반화했다. 몽골은 전기 설비가 불가능한 지역이 많았기 때문이다. 독일과 이탈리아는 탈원전 정책을 선언했다. 일본의 어떤 인사

마치 옛날처럼 공연을 알리는 전단이 붙어 있다. (락캠프)

는 독일과 이탈리아가 제2차 세계대전의 패전국이었기에 핵의 무기화와 거리를 둘 수밖에 없었기 때문이라고 분석했다. 한때 늦춰져야 했던 조건이 새로운 가능성을 준비할 수 있는 조건이 된 사례이다. 한 사람의 삶도 진짜 앞서면 뒤처져 보인다. 그래서 '자발적 퇴보'를 택하는 이들도 있다. 그것은 전진하는 퇴보이고, 나아가 진전의 가능성이 된다.

곳곳에서 낙후했던 공간이 문화 공간으로 되살아나고 있다. 특정 장

르만이 모여 있는 예술구가 아니라 여러 장르가 교섭할 수 있는 공간에서 재미있는 일들이 벌어지고 있다. 서울의 문래동처럼 일종의 컨버전스가 실현될 가능성을 지닌 아트벨트는 재개발이 아닌 재생을 통해 이뤄진다. 특히 콘텐츠가 있고 다양한 시도를 구상하고 있는 인천의 지역문화는 새로운 콘텐츠의 생산 가능성을 지니고 있다. 예전에도 그랬듯이 노래와 문화는 그곳, 즉 공간과 함께 태어난다.

그것과 그곳의 재발견을 넘어 재생산으로

그 가능성을 현실성으로 옮기는 데에는 남다른 기여가 필요하다. 한 지역의 춤이자 음악이었던 탱고가 세계무형문화유산으로 인정받았다. 일국적 차원에서 이러한 시도는 대개 지방자치제도와 함께 본격 시도됐다. 물론 명암이 있다. 지방자치제도는 문화예술의 진전에 가능성을 부여했다. 민주주의 선행 사회에서 지역공동체와 지역문화예술의 성장은 함께 이뤄졌으며, 사회적 네트워크와 지역사회의 형성에 기여해 왔다. 한국에서도 지방자치제 시행 이후 문화예술 향유를 지역민의 여가 선용 서비스로 인식하고 있으나, 전시 이벤트를 통한 치적 생산과 유권자 호객 행위를 위한 지역 축제의 양산이라는 부작용도 없지 않은 상황이다. 지역문화예술이 행정 용어화됐음에도 지자체 단위에서 철학을 전제로 한 공공서비스 개념은 약한 편이고, 체감할 수 있는 기회도 산발적이다.

페스티벌의 경우에도 지역 축제로 개최될 때마다 딜레마에 빠진다.

지역의 예산을 외부의 콘텐츠를 모으는 데 사용하면 남의 잔치가 되고, 지역 예술을 배려해야 한다는 주장을 따르면 소구 대상이 한정된다. 하지만 대중문화와 시민문화 그리고 지역문화는 상·하향의 관계가 아니라 동시적이다. 인천은 양자를 조화시키는 프로그램의 구성이

다시 새로운 출항을 준비해야 한다. 아직 찾지 못한 이야기가 더 많다.

가능하다. 내부의 콘텐츠가 풍부하고, 또한 외부에 영향력 있는 기획을 키워 놓았다. 이것 역시 매우 특별한 조건이다.

한정된 공공 재원의 합리적인 배분이 중요한 정책의 문제가 당국은 단기 성과를 요구하고 예술 창작은 장기 전망을 필요로 하는 데에서 발생한다. 만약 운영의 효율성 제고와 내적 가치 확장의 조화가 가능하다면 할 수 있는 것들이 많다. 공연 지원과 음반 제작 지원, 그리고 인천의 특수성을 활용한 해외 교류 지원이 가능하며, 작업실과 교육장의 기능을 함께 하는 공간 지원 또한 음악인들이 바라는 바이다. 바로 그곳에서 또 다른 노래가 태어날 수 있다. 제도와 운영의 원칙은 늘 현장에서 충돌하지만 자율성과 전문성의 조건은 독립성이다. 다시 한번, 만약 저변의 논의 구조가 이루어지고 사회적 합의가 이뤄진다면 환금성에 매달리지 않아도 된다. 그동안 품고 있었던 것들을 재발견했다는 사실은 재생산이 가능하다는 의미이다. 변화의 조화야말로 진정한 디자인이다.

노래는, 그리고 창작은 마음속의 잔을 흔들어 무언가를 깨우는 것이다. 아름답거나 고통스러운 침전물이 다시 떠오르는 것이다. 사람과 역사 그리고 공간이 특별한 사람과 역사 그리고 공간을 만들어 놓았다. 추억이 쌓인 공간에는, 보잘것없어 아름다운 거리에는, 그리고 모호하고 풍성한 도시에는 흔들어 깨워 주길 기다리는, '보잘 것 있는' 이야기들이 가득하다. 📓

"서편의 산은 날마다 낯빛을 바꾼다. 몇 주 전까지만 해도 푸른 기운이 감돌던 숲의 중간중간에 빨갛고 노란 물감 몇 방울이 떨어지더니 화선지의 속살을 미끄러지듯 번져 나갔다. 철모르는 장미꽃이 핀 울타리 너머를 보면 노란 호수가 된 논이 꾸벅꾸벅 졸기도 하고 슬쩍 머리를 흔들기도 하며 바람에 아랑곳한다. 벼와 깻잎이 한가로이 하늘거리고 나무들이 파도 소리를 내며 출렁이는 늦은 오후를 나비와 잠자리는 쉬엄쉬엄 헤엄친다. 전철이나 버스에서 책을 들여다보느니 창밖을 내다보는 편이 나은 계절, 가을이다." (2009년 10월 23일의 日記)

계절을 가로질러 온 여행

이 여행은 겨울에 첫걸음을 떼었다. 아트플랫폼의 작은 의자에서 짧은 대화를 나눈 때부터 봄이 올 무렵까지 반죽을 마련했고, 사월에는 물레를 돌리며 빚기 시작했다. 봄에 싹을 틔우고 초여름이 되어 갈 때 연두에서 분홍으로 변해 가는 삼색병나무 꽃과 새

이 세계가 어떤 판타지보다 더 환상적이고, 현실이 그 어떤 영화보다 더 극적이다.

하얀 조팝나무 꽃을 피웠던 신록이 파란 오월의 바람에 일렁였던 자리, 지금 그 길 위에 낙엽이 뒹군다. 나무의 몸에서 떨어진 낙엽은 엄밀하게 죽음은 아니다. 단지 몸이 털어 낸 조각인 낙엽이 나무와 맺은 관계는 사람과 세상 그리고 노래의 그것과 같다. 어쩌면 이 오래된-오래될 이야기를 한꺼번에 보여 주기에 사람들은 가을 길을 걷다 사라지길 반복하며 노래를 흥얼거렸는지 모른다. 그러다가 서서히 노을빛이

옅어지고 차가워지고 나면, 생뚱맞게 귤의 계절이 와 버리는 것이다.

현재와 과거, 이국의 자취와 바다의 향기, 높은 빌딩과 지붕 낮은 집을 한데 품은 도시의 소리에 귀를 기울이고 경청하는 시간을 가졌다. 그사이 제주에도 있고, 괴산에도 있고, 서울에도 있었지만 인천의 도원과 가장 친해졌다. 많이 걷다 보니 덥고 습한 어느 여름날엔 대한서림에서 자유공원으로 오르는 길에서 다리 경련이 일어나 가로수에 몸을 맡긴 날도 있다. 지금 생각해 보면 '마음걸음'이었다. 머리에 긴 안테나를 달고 다닌 셈이었는데, 그렇다고 사슴처럼 예쁘고 긴 뿔을 갖지는 못했지만, 신포동과 관교동을 지날 때면 언제부터인가 마음속에 소리가 붐비곤 했다.

눈에 보이지 않는 예술 장르인 음악은 공간과 시간을 마음대로 축소시키고, 확장시키기도 한다. 공간과 시간을 단숨에 관통하는 마법을 부린다. 그 사이에 사람이 끼어들 때에 기억과 욕망과 기호가 스미는데, 바로 그것들에 노래가 달라붙기 때문이다. 그래서 이 도시와 노래의 사연을 짚어 보는 일은 독특한 공간과 시간 속에 형성된 정서의 공감을 지역의 색채로 새롭게 이해하는 단계였고, 동시에 지역의 색채가 보편의 울림이라는 사실을 확인하는 과정이었다. 어떤 공간 혹은 지역의 특수성과 노래 이야기를 통하여 대중음악의 굵은 줄기를 그릴 수 있는 곳이 바로 여기였다. 그것은 길들임이고, 길들임은 살림이 된다. 전례를 찾기 힘든 이 기획은 다른 지역을 자극할 것이며, 그렇게 새로운 전례가 될 운명이었다.

시공간을 출렁일 목소리

우리는 모르는 것이 너무 많다. 하지만 모른다는 말을 하는 사람은 그만큼 알고 있다는 것이다. 아는 것과 모르는 것을 알기 때문이다. 묵자가 비슷한 말을 했고, 공자도 그런 말을 했다. 알고자 하는 욕망과 고통을 경험하고서 알 수 없는 것은 내버려 두는 경지가 있다. 노자가 그런 말을 했다. 독일 시인 횔더린도 이렇게 썼다. "어떤 풀 수 없는 수수께끼도 멸시하지 않으마고 다짐했다. 이리하여 나는 죽음에 이르기까지의 유대로써 대지에 연결되었다." 사람이 뭔가를 안다는 것은 바다에 낚싯대를 드리우고 두어 마리의 물고기를 끌어올리는 정도다. 그처럼 바다의 물 한 줌밖에 알 수 없는 것이 지식이지만, 그 한 줌 물과 바닷물이 같은 물임을 깨달을 수는 있다.

　노래의 궤적도 세상처럼 언제나 모호하고 유동적으로 보인다. 여기에 질서를 부여하고 맥락에서 분리돼 있던 것들을 엮는 매듭이 역사를 이룬다. 지난 시간 동안 많은 구슬을 발견했지만, 이 작업을 행한 자는 그저 구슬을 찾아 엮어 두는 실일 뿐이다. 탐험가가 아니라 탐방자에 불과했을지 모른다. 담 너머에, 작은 지붕 아래에 아름다운 빛깔을 감추고 숨어 있는 구슬들이 더 많을 테고, 그들을 찾아내고 불러내야 할 이는 따로 있다. 바로 이 글을 읽고 있는 사람이다. 함께 자전거를 타야 한다. 역할의 분담은 있어도 같은 방향으로 향할 수는 있다. 하나의 자전거를 함께 타는 건 특별한 일이다. 뒷자리에 사람을 태운 이는 막중한 책임감을 느끼고, 뒤에서 운전하는 이의 등을 바라보는 사람은 묘한 신뢰감을 품게 되니까.

　그동안 도시와 주민은 막역한 사이가 아니라 막연한 사이였을지도 모른다. 물질적, 사회적인 성공을 거두어야 한다는 강박에 집착하다가 정신과 문화, 경우에 따라선 윤리의 파산 상태에 직면하기도 한다. 개인과 도시 모두 경쟁과 시장의 시스템에서 성장해야 하기에 그 한계에 직면할 수밖에 없다. 그사이, 작은 동네문화와 노래들은 저만치에 밀

쳐져야 했다. 햇빛이 강한 날일수록 그림자도 짙다. 하지만 그렇기에 짙은 그림자는, 예술과 노래는 시원한 그늘을 만든다. 이때 공간과 노래의 재발견이 필요해진다. 나아가, 재발견이란 단어야말로 재발견되어야 한다. 회상이 아니라 또 하나의 이룸이 뒤따라야 한다.

거창한 일이 아니다. 누구나 술에, 혹은 계절을 바꾸는 바람에 취해 멜로디를 지어 흥얼거리곤 한다. 물론 다음 날이면 대부분 잊히지만, 바람에 흩어져 버린 무수한 멜로디와 자기만 알고 있는 노랫말과 부끄러웠을 목청, 즉 노래가 되기 이전의 노래를 꺼내 올 수 있다. 지금도 어느 음악 학원에는 미래의 뮤지션들이 모여 있고, 누군가는 열심히 가꾼 풀밭 또한 얼마나 아름다운지 언젠가 보여 줄 것이다. 그때 시간과 공간 속에서 출렁이는 목소리가 또 하나의 노래를 더할 것이다. 나는 이 세계가 어떤 판타지보다 더 환상적이고, 현실이 그 어떤 영화보다 더 극적이라고 생각한다.

삶과 노래는 계절처럼 순환한다

이 도시에서 한 어머니가 일터를 일구며 가족의 생계를 꾸려 오셨다. 인천 시외버스 터미널을 지날 때마다 일을 마치고 버스를 기다리는 모습이, 그리고 한때 거기에서 일하고 퇴근하여 땀을 식히던 내 모습이 떠오른다. 노동운동에 투신하여 인천지역노동조합협의회를 조직하고 민주노총에서 일하다가 젊은 나이에 경기도 마석의 모란공원에 몸을 뉘인 분도 안다. 그녀의 조카이자 나의 동반자가

골목길에 버려진 문짝을 액자삼아 자라난 풀처럼 어디에서든 노래는 자라고 있다.

된 사람과 지난 여름에 만석동을 걸었다. 긴 시간 동안 느리게 일어났던 일들과 상념들로 여러 페이지를 채우고도 남겠으나 지금은 흔한 두 글자, 추억 그리고 감사로 머금어야 할 때다.

어느덧 비스듬한 겨울 햇살과 찬 공기를 담아 온 종이봉투가 열리고 있다. 산에는 손이 닿으면 물들 것만 같은 붉나무와 노란 생강나무의 잎들이 무성하다. 가을볕은 고추 말리기 말고도 이렇게 잘하는 게 많다. 이런 날엔 참나무 껍질 안에 방을 얻어 살고 싶어진다. 하지만 얼마 후면 봄과 여름에 아래로 향했던 시선이 뿌리 모양이 되어 버린 가지로 겨울을 빨아들이는 나무와 눈 내리는 깊은 하늘을 따라 높은 곳을 향할 것이다. 다시, 아무 일 없었다는 듯이 봄이 오면, 지난봄에 눈부시게 졌던 벚꽃을 기억하는 자연은 게으름 피우며 남아 있던 겨울을 툴툴 털어 내고 갈색 숲에 생강나무의 노랑과 진달래의 연보라 빛을 점찍을 것이다. 곧 뒤따라 눈 녹은 자리 여기저기에 초록빛 앉은부채가 솟고 하늘색 현호색이 무리 지어 피어날 것이다. 그리고 삶이 피운 노래도 순환하듯 일렁일 것이다.

"핼쑥한 햇살이 보자기에 가을을 싸들고 뉘엿뉘엿 등을 돌리던 어느 날, 차가운 비가 내리고 기온이 뚝 떨어지면서 단 하룻밤 만에 모든 것이 변한다. 타오르던 불이 꺼지듯 산은 암갈색이 되고 단풍잎은 일제히 가지를 떠나며 새소리마저 쓸쓸해진다. 짧기에 아름답다 말하고 떠나 버린, 아니 작별 인사도 없는 갑작스러운 변심처럼. 그리고 나면 같은 이름으로 불리지만 전혀 다른 계절이 시작된다. (또 다른)가을이다." (2009년 11월 4일의 日記)